少年陈景润

宋 凌 陈忠坤 著

图书在版编目（CIP）数据

少年陈景润 / 宋凌, 陈忠坤著. -- 北京：北京联合出版公司, 2019.7
ISBN 978-7-5596-3258-6

Ⅰ.①少… Ⅱ.①宋… ②陈… Ⅲ.①陈景润（1933-1996）—传记 Ⅳ.①K826.11

中国版本图书馆CIP数据核字(2019)第092053号

少年陈景润

责任编辑：牛炜征
出版统筹：谭燕春
特约监制：高继书
特约编辑：陈忠坤
装帧设计：丁　瑶　孟　迪

北京联合出版公司出版
（北京市西城区德外大街83号楼9层　100088）
北京联合天畅发行公司发行
厦门市竞成印刷有限公司印刷　新华书店经销
字数102千字　787mm×1092mm　1/16　12.75印张
2019年7月第1版　2019年7月第1次印刷
ISBN 978-7-5596-3258-6
定价：48.00元

未经许可，不得以任何方式复制或抄袭本书部分或全部内容。
版权所有，侵权必究。
本书若有质量问题，请与本公司图书销售中心联系调换。
电话：（010）64258472-800

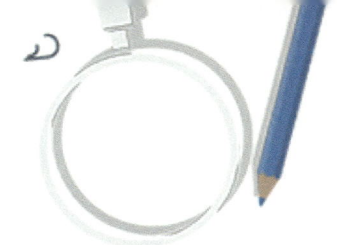

目录

- I 　序一：时代的召唤 / 袁启彤
- VI 　序二：于平实中见奇崛 / 曾镇南
- XIII 　序三：合抱之木　生于毫末 / 由昆

少年陈景润成长足迹

- 001 　第一章　　生于胪雷声如雷
- 007 　第二章　　普通人家瘦弱儿
- 011 　第三章　　爱书成癖意志坚
- 015 　第四章　　茶箱也是温暖床
- 021 　第五章　　三一小学读书郎
- 025 　第六章　　夜灯照亮求学路
- 031 　第七章　　邮政世家视野宽
- 037 　第八章　　成绩优异跳级生
- 043 　第九章　　烽火连天转三元
- 049 　第十章　　山城迎来轰鸣声
- 055 　第十一章　高小毕业失了学
- 061 　第十二章　三元县中始办校

069　第十三章　物以言志景传情

077　第十四章　庆祝胜利扎花灯

085　第十五章　数学启蒙有恩师

091　第十六章　全面发展不偏科

101　第十七章　返乡辗转回三一

107　第十八章　永别慈母泪别妹

113　第十九章　机缘巧合上英华

119　第二十章　英华公认陈布克

125　第二十一章　小小油灯显亲情

131　第二十二章　首谈猜想成梦想

139　第二十三章　高二苦读再失学

143　第二十四章　福州欢迎解放军

147　第二十五章　继母也是慈祥母

151　第二十六章　失学复学又失学

155　第二十七章　高等院校首统招

161　第二十八章　苦心备考天不负

169　后　记

173　附录一　回忆我的中学时代 / 陈景润

177　附录二　我的心里话（节选）/ 陈景润

序一

时代的召唤

袁启彤

四十年前,有两场永载史册的会议,长久地改变了中国当代历史的进程。

1978年12月18日至22日,在历经"文化大革命"十年浩劫、百废待举的历史转折关头,中共中央召开了举世瞩目的十一届三中全会,重新确立了实事求是的思想路线,解放思想,拨乱反正,将工作重心转移到社会主义现代化建设上来。改革开放元年由此确立,波澜壮阔的改革开放征程就此开启。

时间再往前推进九个月,1978年3月18日至31日,中共中央召开了全国科学大会。在这次大会上,邓小平提出了"科学技术是生产力"的著名论断,此后又发展为"科学技术是第一生产力",明确了科学技术在生产力中处于

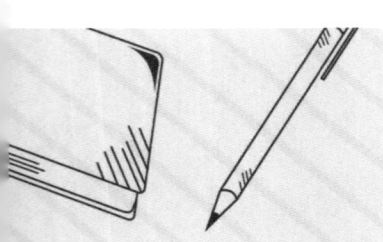

第一重要、具有决定性意义的地位。也是在这次会议上，著名数学家陈景润做了题为《科学有险阻，苦战能过关》的典型发言，他在发言中讲述了自己青少年时期的经历，强调了"一个人必须在青少年时期就树立起远大理想和志气"。全国科学大会确立了尊重知识、尊重人才的根本方针，为制定科教兴国和人才强国战略奠定了重要基础。在邓小平的倡导和直接推动下，全国迅速形成了崇尚科学、尊重知识、尊重人才的浓厚氛围，由此开启了科学发展的春天。

这两次具有划时代意义的大会，至今已届四十周年了。回望这四十年的历史，中国就像一艘穿行在惊涛骇浪中的航船，义无反顾地朝向既定目标前进。四十年风云激荡，四十年沧桑巨变，改革开放让我们国家取得了令世界为之赞叹的伟大成就。

回顾历史，是为了更好地面向未来。毋庸讳言，相当一段时间以来，在经济高速增长，物质生活水平不断提高的同时，我们似乎缺少了点什么。在某些方面，一些有价值的东西正在被漠视，一些我们曾经为之热血沸腾的东西正在被淡忘，一些我们坚信过并且引以为傲的信念和精神正在流失。利益驱动与现实的诱惑让一些人丧失了理想、信念与精神的追求……舆论宣传的功利化与社会导向的庸俗化，助长社会上的某些不良风气，追逐眼前、放弃长远，心态浮躁、急功近利，投机取巧、舍本求末，种种现象让人忧心。"造导弹的不如卖茶叶蛋的"，"搞科研的不如搞娱乐的"；一些艺人一夕成名，一夜暴富；一些"网红"风靡一时，粉丝无数。追星成为一种潮流、一种时尚。曾经激励了无数青少年刻苦学习、勇攀科学高峰的陈景润精神渐渐被遗忘了。

而那些不忘初心的科研工作者与技术研发者在默默无闻中怀揣梦想，肩负使命，殚精竭虑，负重前行，用智慧、心血和生命铸造出国之重器，他们理应得到全社会的关注与尊重。当今世界，每一个伟大的民族和强大的国家，背后都有强大的科学技术做支撑。科学技术的发展日新月异，许多重大的科学发现与科研成果常常超乎我们的想象，科学技术的创新能力与发展水平已经深刻地影响到国家的命运与前途。历史一再证明，"落后就要挨打"。一个崇尚

科学、尊重知识、爱惜人才的民族,必定是一个伟大的民族;一个注重科学研究与技术创新的国家,必然成为一个强大的国家。

"少年强,则国强。"引导和培养青少年从小形成向往科学、热爱科学、乐于求知、勤于钻研、勇于追梦的兴趣和志向;培育和塑造一个有利于青少年潜心学习、刻苦钻研的环境与氛围;构建一个能够吸引、激励一代青少年探索未知领域、勇闯科学秘境的有效机制,这是实现中华民族伟大复兴的必由之路。

改革开放四十周年之际,在"庆祝改革开放四十周年大会"上,中共中央、国务院对一百位改革开放杰出贡献人员授予"改革先锋"称号。作为科学界杰出代表之一的陈景润被誉为"激励青年勇攀科学高峰的典范",这不仅是党和国家的肯定,也是人民的期许,更是时代的召唤。

每个时代都有每个时代的楷模,这些楷模顺应了其所属时代的发展要求,昭示了特定历史时期的主流价值和引领方向,对当时人们的价值判断和行为模式起到了重大的导向作用。

那么,有没有这样一种楷模,他的精神引领价值能够成为一种经得起时间检验、超越特定的时代、超越世俗和功利目的，而成为一种恒久的、普遍的，能够在一个国家、民族长期的发展进程中，在实现中华民族伟大复兴的实践中起到一种支撑、引领作用的精神力量呢？答案是肯定的！经历时间检验的"陈景润精神"便是其中之一。

《少年陈景润》向读者讲述了一个在动荡、颠沛的年代里生活、学习、成长的少年陈景润，还原了一个朴素、真实、有血有肉的少年陈景润，展示了一个热爱科学、探索未知、勇于追梦的少年陈景润。

如果少年陈景润的故事能给青少年朋友带来某些启示，能激发青少年朋友培养热爱科学、勤于钻研、勇于探索的强烈兴趣，能帮助青少年树立科学报国、科技强国的坚定志向，那将是对《少年陈景润》出版的最大馈礼，也是对陈景润先生最好的告慰。

2019 年 3 月

袁启彤，1949 年参加工作，1953 年加入中国共产党。曾任中共福建省委副书记、省委政法委书记，福建省第八、九届人大常委会主任。

序二

于平实中见奇崛

曾镇南

带着缅怀、景仰大数学家陈景润的深切感情，我兴味盎然地读完了这本陈景润少年时期的生活传记。我觉得，这是写得翔实客观、文字朴素而有力的信史，也是能触发幽远的人生思考和丰沛的文学情思的文学作品。它有着一种朴而归真、素而后绚的风调。它像静谷中舒叶吐蕊的幽兰，散发着淡远的清香，保持着含蓄的、持续的吸引力和感染力；让人在初见之后，移步回眸时，才更鲜明地照见其奇异的芳姿和清影。

在我所读过的关于陈景润的新闻报道和报告文学作品里，写到陈景润的少年时代的内容似乎很少。留给我的印象是，陈景润从小就表现出对数学的敏悟和迷恋的异禀，但他似乎没有得到父母的多少疼爱和抚育，也没有在师长和同学中得到友爱和帮助，显得郁郁寡欢，块然独处的样子。总之，他曾经只是一个孤僻的、不愿与人交往的孩子，拙于行、讷于言但耽于数学的演算与沉思，沉浸、飘荡在抽象思维的玄妙空间里。这个注定要把生命奉献给数学的少年，好像一直是在与环境的对跖中，在恶劣的生存条件下，挣扎着成长起来的。他的出现的确是一代学人中的一个异数，是那个在战争与革命的震荡中走过来的时代的一个奇迹。留在记忆里的这些关于陈景润少年时代经历的片鳞只爪，使我在开始读这本书时充满了好奇心。我期待着读到这个非凡少年在苦难的逆境中勤奋力学的逸闻与花絮，以印证陈景润的少年神奇形象……但是，当我读完全书又多次温卷回味之后，少年陈景润身上环绕着的梦幻色彩和深隐着的心理创伤好像大半消散了，一切复归于平淡和寻常。比我原先想象的更亲切也更正常：陈景润生活、成长于其中的家，也和中国普通常见的多子女家庭一样，过着有眼泪也有欢容、又苦涩又温馨的日常生活。这是恪守中国传统文化，重视子弟品德修养和读书成才的家庭。陈家和当时大多数中国人一样，在动荡乃至流离中，艰难竭蹶却又坚忍不拔地走着一条求生存、求温饱、求发展的向往更美好生活的路。而陈景润，则是一个背负着父母兄长的希望，以读书求新生的受到较好教养的、正常而健全的少年。中国传统文化通过家教和师训，渗透到他的血脉中，成为他发展自己的秉性，掌握现代文明、科学知识，取得进入数学王国的入门证，并准备之后在数论的崎岖山道上开始攀登，奋力征服接近证明"哥德巴赫猜想"的最新高度的内驱动力。总之，是中国人、中国文化的浑厚根基和民族底色，铺就了一个天才的数学少年发展和走向成功的平实道路。促成陈景润成长为大数学家的一切主客观因素，都只有在我们民族生活的土壤里，在我们民族俗理文化和人格养成的特定心理架构中，才能得到充分的发挥和合理的显现。

《少年陈景润》的成功，在于它坚守了历史传记的"实录"铁则，是在对陈景润在家里、在学校里的真实经历及诸多真材实料的调查、寻访、搜集、整理的基础上，下了一番去伪存真、捣虚落实的功夫才获至的。这本精练却周详的小书，让我们看到了一个中国孩子勤苦力学的背影，看到了他从儿时开始几经断续，终于完整地留下了一串勤苦向学的坚实脚印。这个少年读书生活的实录，回溯起来，探其初心，问其初志，在在显示着某种历史的、社会的典型意义，至今也不失其为历史写照、为现实借镜的作用。它把陈景润少年生活中确实存在的散乱的、几乎湮灭了的碎金片玉凝聚起来，使它在新时代的阳光照射下，焕发出了新的光彩；并含蓄地廓清了过去曾有过、现在也未曾消弭的某些不实的传言、矫情的涂饰。我感到，作者深知历史传记的生命在于信实，坚决戒绝了一切迎合时潮的所谓"人设"的东西，这就获得了一种纯朴的纪实的力量，也就获得了清澈单纯的美。朴素是美的必要条件。这个美学的法则现在似乎不那么时兴了，而在写实录、撰信史的方法上暗合了这一法则的《少年陈景润》一书，焕发出了美的清光。正因写实，转为新鲜；唯其朴素，反得真美。这也是艺术辩证之适例吧。这里姑且举个书中突出的文例稍作详析。

少年陈景润似乎是一个早慧的、渴望读书、酷爱读书，天生就喜欢上学的读书种子。这本书里写到因种种原因他几度辍学的曲折经历，每一次都是他主动求学的强烈愿望和决不放弃的决心，感化和消解了父亲一时的犹豫。"我要上学！""我要读书！"的声音，在这本书中不绝如缕，愈挫愈强。小景润不但执着地要上学，而且主动地、大胆地选择好的学校，选定了有一个藏书丰富的图书馆的学校。陈景润拿着父亲好不容易求来的陈绍宽介绍他去格致中学读书的介绍信，却勇闯英华中学校长办公室，向陈芝美校长面陈自己向往英华中学的志愿，终于获校长特批，如愿以偿，这一幕鲜明地留在了我的阅读印象里。为了上自己心目中最好的中学，天性讷于言的陈景润用一句"因为英华中学有很大的图书馆"就把校长逗笑了，说服了。这句话道破了陈景润一生与图书馆的宿缘：正是图书馆帮他打下了一生事业的基础，成了最后他在证明"哥德巴赫猜想"的道路上取得殊异的领先成就的福地。在这里，本书的作者把陈景润的个性、主观进取精神、视读书如生命的禀赋，可以说写到了极致。

但是，少年陈景润的这种主观气质和坚强意志，并不是陈景润能学有所成的唯一条件。作者更加高明之处在于，

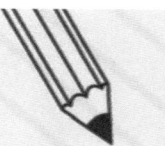

还如实地写出了与这样主观因素相配合、相辅相成的诸多客观因素:这里有社会的因素,如胪雷村陈氏宗族重学惜才的族规家风;又有时代的因素,如抗日战争时期国民政府重视教育为民族培根育魂的举措,解放初期百废待兴之际人民政府及时举办高考统一招生的决策,等等;更重要的,还有家庭的因素,如陈景润父亲的明事理、知轻重、有远见,坚忍地担起多子女家庭的重担,让孩子们读书求得通往未来的新路,始终坚持让儿女们读书报国的初心。当然,还有操劳过度的母亲临终的叮嘱:让身体瘦弱的小景润一直读下去,不能让他辍学。最后,还得郑重地提一笔的是,那个虽是继母也是慈母的年轻劳动妇女的关爱和支持。这一切汇合成了支撑、托举陈景润读书上学的最重要、最直接的家庭合力。家长的素质和见识,往往是决定孩子能否接受完整而良好的教育,能否养成健全而完美的人格的最基本的因素。观少年陈景润求学上进之往迹,可以想见其家庭的教养和家风,想见其父母之为人。有其父必有其子,有其母必有其女,这是老话,未必是概莫能外的铁律,但一定是造就具有良好的教养、健全的人格、健旺的活力的好儿好女的一条很难移易的规律——家庭文化遗传基因起到潜在决定作用的规律。这也是《少年陈景润》为当代为人子者、为人父为人母者垂示的一条现代教育学、人才学的箴言吧！

曾镇南

2019 年 3 月

曾镇南，著名文艺评论家，中国社会科学院文学研究所研究员，中国红色文化研究会副会长，《文学评论》原副主编，曾多次任全国短篇小说奖、茅盾文学奖评委，"五个一工程奖"论证专家，文学评论作品曾获首届鲁迅文学奖。

序三

合抱之木　生于毫末

由昆

先生离去，屈指已有23年。眼前这册即将付梓的《少年陈景润》，又一次牵动了我对先生绵绵不尽的思念。

书中描述了先生就读中小学时期的生活点滴，情感真挚，情节细腻，笔墨流畅，"少年陈景润"的形象也跃然纸上。先生是数学研究领域的一棵参天大树，他长期刻苦钻研、潜心学习，把"哥德巴赫猜想"求证到世界领先水平，其研究成果将筛选理论推向光辉顶点，被国际数学界称为"陈氏定理"。然而，并不是所有的天才都是天生的，"合抱之木，生于毫末"，细读书稿，我们就能读到先生这棵参天大树早年悄无声息、不失顽强生长的年轮。

先生诞生于1933年，那是个兵荒马乱、民不聊生的年代。当年，陈家生活窘困，常常无米下锅。在少年求知的

路上，先生饥寒交迫、四处飘零、几度失学，他孱弱的身躯深深地烙入苦难的印记。我与先生相识相恋，已是他中年时期。婚后，先生很少对我提及少年时期的艰难困苦，如今仔细揣摩，应是他不愿给我们欢快和睦的家庭生活，抹进丝毫忧伤的痕迹。先生的这份善意，令我久久难以释怀。面对磨难，先生从不多言，而是选择奋勇向前；面对成就，先生从未自满，而是选择埋头苦干。成就与磨难常常是一胞双胎。安逸而不思上进的生活，往往如同圈养在金丝鸟笼中的虎皮鹦鹉，丧失了飞翔与觅食的基本功能，即便放飞自由，也会饿死在果实累累的林子里。正是少年时期不幸的苦难，磨砺了先生不屈的性格，培养了他坚忍不拔的毅力，激发了他顽强生长的品质，树立了他攀越群山的远大志向，让他在前行的路上不退缩、不气馁、不却步，最终取得辉煌的成就，取得解析数论研究领域多项重大成果。

青葱年少恰似一道风景，恰似一束鲜花，令人羡慕，令人青睐，也令人嫉妒。然而，青葱年少懵懂初开，犹如面团，可塑性强，可以拿捏成方，也可以搓揉成圆。人生中的许多成就与传奇,都是从青少年时期启航。正因这样,青少年的健康成长,更需要示范参照,更需要鞭策推进。

先生在世时,不曾想用自己的故事激励青少年,是因为他为人低调,不喜张扬,但先生对青少年是寄予厚望的。在先生晚年的时候,我曾两度陪着抱病的他,从北京赶赴福州参加其母校英华中学(今福建师大附中)的校庆,其间,他时刻勉励同学们牢记"以天下为己任"的校训,趁年少咬定目标、努力学习,日后才能"青出于蓝而胜于蓝"。1992年,饱受帕金森综合征折磨的先生,在得知母校三明实验小学(今三明市陈景润实验小学)日新月异、学风优良时非常兴奋,用十分僵硬的手艰难地写下"希望三明实验小学小同学们努力学习,天天向上",寄望青少年从小奋发图强,早日成长,这份心思着实让人感怀。

过往的点滴常常让我思念,记忆中,先生一直是坚强伟岸的,我不曾知晓先生还有这么坎坷却又那么励志的少年成长故事。如今,细读《少年陈景润》,先生的形象在我面前再次鲜活起来,这些故事深深地打动着我。倘若这些故事,能给青少年的成长带来帮助,让青少年能够从小立志，并树立正确的成长方向，能引领青少年穿越时光隧道，与先生探寻抵达梦想终点的理由，并从中汲取不畏艰难、奋发向上的力量，那么，先生地下有知，一定深感欣慰。

2019 年 3 月

由昆，已故著名数学家陈景润先生的夫人，原任中国人民解放军北京309医院放射科主任、主任医生。

少年陈景润成长足迹

1933 年 5 月 22 日

瘦小的陈景润诞生于胪雷村一户普通人家里

1939 年夏秋之际

为了孩子的教育，父亲陈元俊决定把家搬到福州仓山。初到仓山，陈景润住在小小的茶箱里

1939 年 9 月

6 岁的陈景润踏入了福州三一小学读书，成为一名小学生

1940 年的下半年

陈景润的妹妹陈景星降生，给战乱中困难的家庭增添了更大的压力

1942 年 9 月

由于成绩优异，9 岁的陈景润跳级至五年级

1943 年 8 月 29 日

在烽火中，陈景润最小的妹妹陈景馨降生

1943 年 12 月 10 日

父亲陈元俊接到前往三元县邮政局担任局长的调令，举家迁往三元县（现为三明市），说是履职，实际上是为了躲避战乱

1943 年 12 月 13 日

陈景润以小学六年级生的身份，插班到三元县三民镇中心学校（现为三明市陈景润实验小学）

1944 年 7 月

成绩优异的陈景润从三元县三民镇中心学校高小毕业

1944 年 7 月 -1945 年 2 月

陈景润失学在家

1945 年 2 月

三元县立初级中学（现为三明市第一中学）在三明笃庆祠成立，失学半年的陈景润成为首批春季班学生

1946 年 7 月

初二上学期结束，陈景润以总分全班第一名的成绩，被学校推选为"优等生"，并上报给了福建省教育厅，又汇报给教育部

1947 年 1 月

福州战乱稍平，父亲陈元俊带着一家人返回福州，陈景润在三元县完成了初二课程

1947年2月13日

担心陈景润无学可上的陈元俊，匆忙在林森县立初级商业职业学校(现为福州七中)为陈景润报了名、缴了费

1947年2月底

陈元俊找到了三一中学的校长，终于下决心让陈景润回三一中学，陈景润以初三学生身份插班

1947年12月3日

农历的十月廿一日晨七时，陈景润的生母潘玉婵因病逝世

1947年12月底

陈景润目睹妹妹陈景星被"大表姐"带走

1948年1月

在失母辞妹的悲痛情绪中，陈景润顽强地完成了学业，获得福州私立三一中学的初中毕业证书

1948年1月底

陈元俊再次为了陈景润的就学问题，找到了胪雷老家亲戚陈绍宽，并写了给格致中学校长的亲笔推荐信，陈景润则将其交给了英华中学(今为福建师范大学附属中学)的校长

1948年2月

陈景润依然是以"春季班"的学生身份，进入英华中学，成了一名高中生

1948年夏天

沈元回福州奔丧，因战乱导致无法赶回北京，便留在英华中学教书，并在课堂上首次讲起著名的数论难题"哥德巴赫猜想"，成了陈景润日后摘取"数学皇冠上的明珠"的启蒙老师

1949 年 6 月

解放战争进入白热化阶段，福州时局动荡，教师大部分自谋生路，大部分学校停课，陈景润被迫失学

1949 年 8 月 17 日

福州宣告解放，陈景润在欢迎解放军入城的队伍中，勾起报效祖国的"军人情结"

1949 年 8 月底

陈元俊续弦年轻女子林秀清，陈景润及兄弟姐妹内心充满惆怅

1949 年的 9 月

英华中学复课，在多方劝说下，本想让陈景润辍学的陈元俊，同意陈景润继续上学

1950 年春

正准备升入高三学年的陈景润，因陈元俊筹不起学费，再次辍学在家

1950 年 5 月 26 日

中央人民政府教育部发布了新中国第一份高校招生考试文件《关于高等学校一九五〇年度暑期招考新生的规定》，规定"凡有高级中学毕业的同等学力，而又持有必要的证明者，可报名投考"，陈景润当即以同等学力报名投考

1950 年 8 月

陈景润参加了考试，同月底，成绩优异的陈景润被厦门大学和私立福建学院同时录取

1950 年 9 月

在说服了陈元俊后，陈景润只身搭乘汽车前往厦门，经过一个星期的走走停停，终于踏入厦门大学的校门

第一章

生于胪雷声如雷

福建依山靠海，自闽北奔流而下的闽江，滋养了一代又一代的福州人。在闽江的下游，沿福州南台岛南侧，分出的支流乌龙江，是一段充满传奇色彩的水域，曾经流传着"倩姑产下乌龙"的传说。乌龙江畔自古就是一个人杰地灵、文风鼎盛的地方。这里有成片的芦苇荡，栖息着各种水鸟，白鹭低飞，山川灵秀，滋人润物，人文荟萃，出过抗倭名将张经、礼部尚书翁正春、著名水利专家刘彝、巨商李万利等历史名人。

在南台岛南郊，乌龙江水顺着分流缓缓流经闽侯县胪峰山。胪峰山内坐落着一个美丽乡村——胪内村，因福州

话中"内""雷"同音，因而又得名胪雷村。

胪雷村是一个古朴的村落。青砖、乌瓦、麻石街，这里虽然不如榕城福州繁华，但乡情味十足。背靠绿树浓荫的胪峰山，面临碧波粼粼的乌龙江，古人说这里就像"天马"和"螺穴"，是一块风水宝地。或许正是这块风水宝地，让胪雷陈氏宗族得以休养生息。

关于陈氏的祖先，曾有一个古老的传说。

据说，大约是在西晋永嘉年间，陈氏祖先从中原逃难到福建，当时穷困潦倒，流落到这里以放鸭为生。到了南宋时期，为了躲避元兵的战乱，陈氏祖先向南迁居到胪峰山内，仍过着贫苦的生活。有一天，一位疲惫不堪的得道高僧路过他的门前，得到了热情招待。高僧非常感动，临走之前，指点陈氏祖先定居胪雷，预言日后必出非凡人才，说完便飘然而去。

民间传说不足为据，但饶有趣味，也给胪雷增添了不少神秘的色彩。或许是得了祖先的庇佑，或许是风水宝地的灵气，日后的陈氏的确是出了几位名扬四海的中华俊杰。

当年，在胪雷村尚未旧城改造的时候，村中就存有一座胪雷陈氏宗祠。

宗祠是一座气势非凡的古建筑，飞檐、吊角、青砖大

胪雷陈氏祠堂旧照

胪雷村古民居一角,因福州火车南站建设拆迁,具有700多年历史的胪雷村已变成永久的记忆

第一章 生于胪雷声如雷

少年陈景润

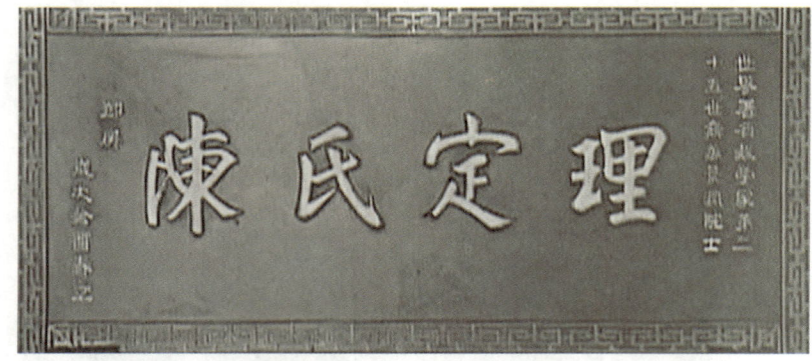

悬挂于陈氏祠堂的"陈氏定理"牌匾

1991年10月,病重的陈景润(右二)携夫人由昆(右一)返乡回胪雷,于陈绍宽故居前与众乡亲合影

墙，门前一对端坐的石狮，昂然屹立。宗祠内依次悬挂着三块大匾，上面写着"海军上将""教育部长""陈氏定理"，纪念三位从胪雷村走出去的近现代中国的名人："海军上将"是纪念我国近现代历史上的著名爱国海军将领、曾任福建省人民政府副主席的陈绍宽；"教育部长"是纪念民国时期的教育部长、化学博士陈可忠；而"陈氏定理"，则是纪念那位毕生都在努力攻克世界著名数学难题"哥德巴赫猜想"的人——我国著名的数学家陈景润。三位陈氏子孙，得益于胪峰山"丰沛乳汁"的滋养，的确也给胪雷村带来了无限的骄傲与光荣。

时间回到1933年5月22日那天，在胪雷村一户普通人家，一个新生命降生了。这是一个十分瘦弱的男婴，他出生时，甚至没有一声啼哭。

父亲陈元俊一筹莫展。在那个艰苦的岁月，陈家已经有一对儿女，如今再添一个男丁，无疑是给本就拮据的家庭增加了更沉重的负担。如果这个孩子再天生残疾，或是生个什么怪病，那该如何是好？

"这可怎么办？可不能生一个哑巴啊！"一家人围在一旁，手忙脚乱，一时束手无策。

9岁的哥哥和6岁的姐姐看着刚出生的弟弟不哭，自己

倒先急得直掉眼泪。

正在这时,父亲陈元俊因为着急,突然吼了一声。瞬间,奇迹发生了,婴儿小嘴一张哭出声来了。这哭声虽不洪亮,但总算证明了这个刚降生的婴儿不是哑巴,大家这才放心了。

"生于胪雷,声名如雷。"谁能想到,这个出生时连啼哭的力气都没有的婴儿,多年后,他发出的"声音"却震动了中国,震惊了世界。以他的姓氏命名的数学定理,为他的祖国、为他的家乡赢得了巨大的荣誉。他,就是因为徐迟的一篇《哥德巴赫猜想》的报告文学而家喻户晓的传奇人物、我国著名的数学家——陈景润。

第二章

普通人家瘦弱儿

陈景润在家中排行老三，因为在同辈堂兄弟中排行第九，家里人便都叫他九哥。父亲陈元俊给九哥起名景润，是希望他日后能有幸福的光景、滋润的生活。然而，在那个兵荒马乱的年代，等待陈景润的是一连串的波折与坎坷。

当年，若论家境，陈景润出生时并不差，但也不尽好。虽然父亲陈元俊在闽侯县一个邮局里当职员，但当时社会不稳定，苛捐杂税繁多。陈元俊微薄的工资收入和家里少量的土地出租的租金，就是他们一家人维持生活的全部来源。

母亲潘玉婵是一位地道的农村妇女，勤劳善良，又很

少年陳景潤

陈景润的父亲陈元俊
（福州市博物馆提供）

陈景润的母亲潘玉婵
（福州市博物馆提供）

善于持家。然而，常年的劳作让她严重缺乏营养，她根本没有奶水哺育孩子。九哥出生后，家里的负担更重了。小九哥只能靠着米汤喂养，遇到家里无米下锅时，潘玉婵便只能向邻居东一家西一家地借一点米汤。农村里总是乡风淳朴，乡里乡亲也都热心互助，有了邻居的米汤，小九哥一天天长大起来。

但天生体弱的九哥，由于没有母乳的哺育，导致营养不良，身体也更加瘦弱了。陈景润在参加工作以后身体一直不好，大概就是小时候落下的病根。九哥小时候常常生病，有时甚至奄奄一息，家里根本拿不出多余的钱给他看病，只好听天由命。潘玉婵于心不忍，常向街坊邻里要一些草根充当治病之药。一次，一位远房亲戚回胪雷老家省亲，送给陈元俊一些灵芝，还神秘地告诉他："这灵芝，是中药之上品，可以提高免疫力，祛邪，扶持正气。你不妨熬点汤水给孩子喝，一定会有效果的。"

也许是灵芝的功效，也许是苍天有眼，喝了一次灵芝汤，九哥的身体有些好转，在几次病重的时候，他都能奇迹般好转。"天将降大任于斯人也，必先苦其心志，劳其筋骨，饿其体肤……"也许，陈景润正是担负了某种使命才来到这个世界的，在他未完成之前，死神也不忍心将他带走。

即使生活再难，也没有打倒这个普通的家庭，但孩子一个又一个地降生，让这个家原先难以维持的生计更加雪上加霜。陈景润的母亲潘玉婵先后共生了十二个孩子，最后活下来的只有这六个：上面有哥哥陈景桐、姐姐陈瑞珍，下面有弟弟陈景光、妹妹陈景星与陈景馨。生育孩子太多，致使潘玉婵的身体越加虚弱，她已经瘦得一阵风都可以吹

倒了；孩子众多，生活的重担就越沉，操持生计更让她力不从心了。孩子们每天都是一大堆的事，肚子饿了，碰到椅子了，争东西了……潘玉婵在家里，成天手忙脚乱，孩子的哭声此起彼伏，充斥着整个狭小的空间……

　　这时，小小的九哥只能躲在某个安静的角落。他沉默无语，只是静静地发呆，在这种繁闹的家庭环境中，艰难地成长起来。

第三章

爱书成癖意志坚

尚未到上学年龄的九哥，只能成天待在家里。他自小就显得十分内向，身体瘦弱，脑袋大大的，不爱讲话，也不淘气，常常一个人躲在墙角，而且一待就是一上午。

那时，陈元俊有一个饲养乌龟的特殊嗜好，他把一只长达一米的乌龟，养在自己的房间里。而这只乌龟，也给孩子们带来了一段美好的童年。陈元俊喜欢乌龟的沉默和非凡的耐性，孩子们则不乏创造力和想象力，父亲不在的时候，乌龟便成了他们难得的活玩具。九哥也喜欢和家里的哥哥姐姐站在乌龟背上，可怜的乌龟本来就使尽全力才爬出一点距离，背上驮了一大群淘气鬼，更是寸步难行。

有时候，孩子们也会比赛，谁站在龟壳上不掉下来，时间最久的人算赢。然而，每当在这种比赛时，输的往往是九哥，因为他太容易发呆了，他总是站着站着，就忘了自己是在比赛中，然后默默地走下了乌龟背，把哥哥姐姐都逗乐了。

尚未识字的九哥，从小就痴迷书本。他对家里的一切书籍都非常感兴趣，父亲的藏书、哥哥的课本，只要是书，一旦被他找到，他都会爱不释手地看起来，一副有模有样的样子，好像看懂了里面的内容。

平日里，九哥显得特别孤僻，他很少与邻居小朋友一起玩耍。偶尔有小朋友捉弄他，他也毫不在意。当小朋友邀他一起玩捉迷藏时，他大部分时候是直接拒绝的。偶尔没有拒绝的时候，要么就藏在哥哥穿旧了的宽松衣服里，由于身材瘦小，常常"淹没"在旧衣中，小朋友们愣是怎么找也找不到；要么就随便拿着一本书，悄悄躲进一个角落，然后津津有味地看起来，直到把游戏忘了，小朋友也把他忘了，他还待在角落里，睡着了。久而久之，小朋友们便不再找他一起玩了。

也许九哥爱书成癖的个性，便是来源于陈元俊的启蒙。虽然忙于生计，父母亲没有太多时间对孩子们进行教育，但只要有时间，陈元俊就陪孩子们阅读，给孩子们讲书中的故事，从小就教他们学会书写自己的名字，学习数学的基础知识。每当这个时候，九哥就显得特别认真，常常在地上写写画画。哥哥上学回来，他就缠着哥哥给他讲课本上的知识。走到路上，他随便捡起树枝，拾起石头，就可以描绘一番他所学习到的文字和图像。

陈元俊虽然读书不多，但他敬重读书人，他经常对自己的孩子们说："人活在世上，不读书是不行的，必须苦读圣贤书。"正因如此，为了让孩子们能够上学读书，陈元俊夫妻除了必要的生活开支外，基本上都是省吃俭用，节省下每个铜板，努力为孩子筹集学费。他对自己的孩子们寄予厚望，对陈景润更是重视有加，他曾对身边的人说："孩子们将来会有出息的。"陈元俊这种对孩子的启蒙教育，也影响了孩子的一生：从写好自己的名字开始，陈家的六个孩子，在当年社会不稳定、家庭生活拮据的情况下，都上了学，并在日后的个人工作领域里，取得相应的成就。

少年时的陈景润，不是丑小鸭，也不是城里大户人家那种养尊处优的公子，而是深深植根于文化气息很浓的福州市郊土地上的一棵质朴无华的小树。父亲的影响，使陈景润从书中找到无法穷尽的迷人天地，找到了他萌自内心的爱好，找到了他坚持追逐的梦想。他执迷，他痴迷，只要一书在手，他就可以放飞自我。

乌龙江畔，胪峰山下，小小的陈景润常常一人独自享受着读书的乐趣，读书使他的心灵变得极为澄澈，使他的心胸变得无比宽阔，理想的双翼插在他的身上。他展开双臂，在山清水秀的胪峰大地上，自由自在地飞翔起来。

第四章

茶箱也是温暖床

1939年夏秋之际,陈元俊决定把家搬到仓山。虽然胪雷和仓山离得不远,但教育水平却有着天壤之别。

仓山教育的发展,可以追溯到19世纪初。那时,清朝出产的丝绸、茶叶、瓷器以及其他手工艺品,因为受到欧洲社会各阶层的欢迎并可无限量外销西洋,所以,自19世纪20年代起,率先兴起工业革命并满世界寻找殖民地的英国人,在与清朝贸易时,却一直发生着每年高达数百万白银的巨大贸易逆差。为扭转这种局面,歹毒的英国奸商遂挖空心思,将在印度殖民地种植和提炼的鸦片,自乾隆、嘉庆时代起就开始贩运给中国,并在中国广东海域走私鸦片二十多年，且日益猖獗。眼看鸦片泛滥成灾，毒害国民，疾恶如仇的林则徐于1839年在广东强行销烟，中英矛盾迅速升级。1840年，英国政府向清政府发动了第一次鸦片战争，战争以中国失败并赔款割地告终。1842年，清政府被迫签订了近代中国的第一个不平等条约——《南京条约》，并被迫开放广州、厦门、福州、宁波、上海等五处为通商口岸，允许英国人在通商口岸设驻领事馆。福州成为通商口岸后，大批外国人开始涌入。他们在这里开设教堂、医院、学校等，福州成了较早接触西方科学技术、教育、文化的地方之一，由此，西方文化开始对中国文化造成了强烈冲击。

仓山地理位置优越，地处福州城区南部，管辖整个南台岛，闽江在南台岛首尾分而又合，自西向东流经马尾入海。在福州成为通商口岸后，仓山也成了西洋人首选的居留地。他们在这里盖洋楼、设工厂、办教会、开学校，也相继办起制茶、锯木、火柴、印刷等工场。在教育方面，由教会创办的，就有英华中学和福州三一学校等。当时，由于这些教会学校教学设备完善、教师阵容强大、学风民主求实，在当地享有盛名，也培养了大批专家学者。

陈元俊自己就毕业于英华中学，毕业后分配到了邮局工作。他深知读书的重要性，所以，不管多苦多累，他都一定要让孩子们上学；他也深知学校的重要性，如果不是英华中学对他的栽培，他怎能讲一口流利的英文，怎能胜任现在的工作，怎能有身居胪雷却不拘泥于胪雷的大视野？

他特意把家搬到了仓山，就是希望孩子们能接受更好的教育。

这时，陈元俊已经有了三男一女：大儿子陈景桐15岁了，在上高中；大女儿陈瑞珍12岁了，小学刚毕业，正准备上初中；二儿子陈景润满6岁了，眼看就到上小学的年龄了；只有陈景光最小，才3岁。孩子们要上学，那可是一笔不小的费用。为了能节省下更多的钱，陈元俊选择在仓山的一家窨茶厂租了一个大房间，以便一家人住宿；又在仓山的沿街开了个小小的杂货铺，让大儿子景桐住在那里，一边上学一边经营，以贴补家用。由于大房间没有隔间，陈元俊找来了很多茶箱，并用茶箱堆成两个小房间，姐姐瑞珍住一间，景润和景光住一间。

白天的时候，父母都出外去忙了，哥哥姐姐都上学去了，家里只剩下陈景润和陈景光两个人。父母的无暇顾及，瘦小的陈景润变得更加孤僻。他和弟弟只能把这些空箱子当成乐园，每日钻来钻去，直到把整个大房间都闹得天翻

少年陈景润

陈景润幼年时居住的仓山老屋（东尤街一号）

地覆为止。姐姐瑞珍放学回来，只好一边念叨着，一边把箱子一个个重新摆好，大房间才恢复了原有的平静。

来到仓山的某一天，姐姐陈瑞珍放学归来。她如同往常一样，轻轻地放下书包，拿出纸笔放在纸箱上，安静地写了起来。陈景润坐在旁边，他忽然一反常态，平静地看着姐姐，良久不动弹，似乎在享受一种如痴如醉的感觉。

等父母都回家了，大家吃了晚餐，夜幕降临，各自就寝。陈景润和弟弟也爬进自己的茶箱房间里，可是这一晚，任凭陈景润怎么闭眼，睡虫似乎都不来打扰他，直到很久，他看到身旁的弟弟已经沉沉地进入了梦乡，就轻轻地喊着："姐姐，姐姐……"

"嗯？"陈瑞珍也轻声地回应道，"弟弟，你怎么还不睡？"

"姐姐，我想问你，读书很好吗？"

"傻弟弟，读书当然好了，知识有如浩瀚的海洋，有如辽阔的天际。只有读书，我们才能掌握知识，才能驾轻舟以畅游，才能展雄翼以翱翔……总之，读书的好处多了，具体我也……"瑞珍有些陶醉在自己的喜悦中。

"可是，姐姐，我什么时候可以去读书啊？"陈景润打断了陈瑞珍的话，这下，陈瑞珍愣住了。

"这个……我，我明天跟爸爸妈妈说一下，就说，我们的九哥也该上学了，他可爱读书了！"陈瑞珍安慰地说。

"谢谢姐姐！"说完，陈景润闭上了眼睛，他忽然觉

得，这一晚的纸箱房间，比以往更加温暖。他才闭上眼，就进入了甜甜的梦乡。

第五章

三一小学读书郎

第二天,当清晨的第一缕阳光斜射进窑茶厂,斜射在陈景润的茶箱房上时,陈景润美美地伸了个懒腰,他准备起床了,因为他从来都没有赖床的习惯。

可是,没等从茶箱里爬出来,他就听到了姐姐陈瑞珍抽泣的声音。

"爹爹,九哥也快上学了。他这么喜欢读书,一定得让他去读啊。"陈瑞珍带着哭腔恳求着父亲。

陈元俊叹着气,说道:"是啊,书是一定要读的,不管有钱没钱,我都得让你们几个孩子上学。我跟你妈妈也为这事儿发愁,现在家里需要用钱的地方太多了。日军已

少年陳景潤

经发动全面侵华战争,福州的天空上每天都有飞机飞过,外面兵荒马乱,赚钱难啊,省钱更不易。不过,我会想办法把九哥的学费凑齐的。"陈元俊说完,就出门去了。

1937年"七七"事变后,日本军国主义悍然发动全面侵华战争,东南沿海的福建也遭到日本侵略军铁蹄蹂躏。特别是福州,作为福建省的省会,更被日本侵略军作为侵略的重点地区。仓山地区作为俄、美、英、法等国洋人的居留地,日本并未贸然侵犯,相对来说,这里还比较安全。

听完父亲与姐姐的对话,陈景润幼小的心灵触动了一下,眼角便湿润了。

从这天起,陈景润越发勤劳起来,他总是一大早就起床,默默地为母亲分担家务,照顾弟弟。闲暇时间,他常常一个人躲在大房间的角落里,久久地发呆,或是躲进茶箱里,静静而又陶醉地翻阅着哥哥姐姐的旧课本,偶尔也会看看父亲的藏书。

日子就这么悄无声息地过着,眼看小学入学的时间就快到了,父亲陈元俊却一直没有向家人提起陈景润入学的事。陈景润有些急了,他变得愈发的烦躁与苦闷。每次见过父亲,他都欲言又止,只是默默地站在旁边。

陈元俊理解陈景润的心事,常常叹着气,摸摸陈景润的头，又匆匆地出去了。

那是8月的最后一天，母亲潘玉婵把陈景润叫到身边，她拿出了一件"新衣服"。这原本是她当初嫁到陈家的嫁衣，经过她的裁剪修改，缝缝补补，如今已旧貌换新颜，成为一件极其好看的"新衣服"了。她把衣服给小景润穿上，又上下打量了一番，不由得啧啧称赞："真好看，真好看。"

"阿妈，我有哥哥留下来的衣服，这一件，就留给弟弟穿吧。"陈景润看着身上的新衣服，有些不自在，他可是从来都不敢奢望，能有一件像样的衣服穿在自己身上。

"傻孩子，阿妈可是根据你的身材裁剪的啊！你弟弟还小，他穿不了。"潘玉婵一边说着，一边端详着。"这个袖口有些大了，可能要再改小点，这边的腰口也大了，也该再改改。"说着，潘玉婵把新衣从陈景润的身上脱下，然后又忙碌起来。

"阿妈，我觉得挺好的，你就不要再忙了。"陈景润怕母亲太劳累，便想让母亲停下手中的活儿。

"阿妈不会累的，你先坐一会儿，阿妈很快就能改好了。"潘玉婵又自顾自忙了起来。

过了一会儿，潘玉婵终于忙完了，她把新改的衣服再次穿在陈景润的身上，又上下端详了一番，然后满意地说："这次真的合身了，真好看。我们的九哥穿上这身衣服，就真真儿像个读书郎了……"

"读书郎……"陈景润诧异了。

"是啊，你爸爸今天给你报名了。明天你就是三一小学的读书郎了！"

陈景润愣住了，一股喜悦的热流涌遍全身，他的眼角一下子溢满幸福的泪花。

第六章

夜灯照亮求学路

1939年9月的第一天，6岁的陈景润终于开始在福州三一小学读书了。

福州三一学校始建于1907年，当年，英国圣公会在中国牧师的要求下，决定在福州设立专门教授英语的学校，便在仓山创办了"圣马可书院"。这所书院后与广学书院、桥南两等小学校三校合并，成立"三一学校"。1930年，三一学校与汉英书院中学部合并，改称"三一中学"，原三一学校的小学部改称"三一小学"。1993年6月，经历了近一个世纪风雨的三一学校，正式更名为"福州外国语学校"，目前为福州市属唯一的公立外国语学校。

少年陈景润

陈景润就读时，三一小学算是一所设施比较完善的教会学校，教育水平也相对较高。每天清晨，天刚微微亮，陈景润就兴奋地起床，吃饭，然后背起书包，自己一个人开开心心地走去学校上学。学校里有老师和同学，这让陈景润一点儿也不觉得孤单，他显得比在家里忙碌多了。学校里的课程很多，不仅学语文、算术，他还上了有趣的体育、图画、手工等好几门功课。

只是，直到长大，陈景润才知道，他的学费，是父亲陈元俊卖掉了老家的几块田地换来的。另外，父亲还把一些多余的钱，捐给了福州的一些反日救国会。

上学的机会是来之不易的，陈景润也越发珍惜。在学校里，他从不调皮捣蛋、惹是生非；放学回家，他也没有放下课本，而是常常把哥哥姐姐的课本拿来读，遇到不懂的问题就问哥哥姐姐。就这样，在三一小学读书的时候，陈景润因为提前学习了哥哥姐姐课本里的内容，不但老师上课教的知识能很容易地掌握，而且常常向老师提出一些超出课本知识的问题。

在老师、同学和父母的眼里，陈景润并不是一个自小就有过人才智的天才，他的成绩在当时并不算班里最好的，但是老师特别喜欢这个勤奋好学的学生。

因为专心学习，陈景润极少和同学们玩闹。他的性格十分内向，不善于表达自己。有一次课间，班里一个向来淘气的同学正在和大家说笑，见陈景润一直埋头看书，丝毫听不见他们说的话，便想捉弄他一下。他走到陈景润的座位旁，一下子抢走了陈景润的书包，把书包里的书都倒了出来，接着又把书包挂到了门上。其他同学看着陈景润，以为陈景润会反抗，但令大家惊奇的是，陈景润什么话也没说，径直走过去捡起书，把书包拿了回来，收拾好后又开始埋头看起书来。淘气的同学一看不好玩，觉得戏弄陈景润也挺没劲的，就又和其他同学聊起天来了。

在陈景润心里，认真读书，不仅是不辜负父母的辛勤劳动，对他来说，也是他所能做的最好的事了。而且他热爱学习，喜欢读书，书里的世界就如同他内心的独白。虽然读书的静默，使他显得更加孤僻，但他却很享受这种与众不同的独处时光。

白天上学，陈景润把自己埋进书里。夜晚的时候，帮忙做完家务事，一家人已经进入梦乡，陈景润怕干扰家里人，一个人偷偷爬下茶箱的床，走到离家不远的街道上。那时候，福州虽然已经有了电力公司，但供电明显不足，陈景润只能借着微弱的路灯光看起书来。他常常看得入了

迷，直到夜深了才意识到该回家了。

一天晚上，陈景润如往常一样，当他拿着一本书，悄悄地往街道的路灯下走去的时候，母亲潘玉婵醒来了，也吓到了。她推了推陈元俊，说："快出去看看，九哥是不是梦游了，这么晚了，怎么一个人往外跑？"

陈元俊往窗外一看，也很惊讶："是啊，这么晚了，他出去做什么？"他急匆匆地穿上衣服，跟了出去。

当陈元俊走近陈景润的时候，他被一阵轻轻的读书声震撼了，原来，陈景润是在路灯下读书啊！陈元俊停下了脚步，他知道，孩子是不舍得点煤油灯，而且肯定也是怕干扰家人，所以，才夜半一个人来到孤冷的路灯下苦读啊。既然孩子这么努力，作为父亲的他何必去打破这份宁静呢！于是陈元俊折回家里，对潘玉婵说："没事了，九哥只是爱念书而已，我们该高兴才对呀！九哥将来会大有出息的！"说完，继续上床睡了。

夜已经深了，秋虫的鸣叫声让周围显得分外安静。路灯幽幽的光，时不时闪烁一下，把黑夜戳了几个洞。蚊虫在灯光的吸引下，绕着路灯飞舞。整个世界都静寂了，就连陈景润那瘦小的身体，也逐渐融入黑夜中。

第二天，陈景润早早起床，发现父亲已经出门了。母

夜灯下苦读 / 吴怡萱（三明市陈景润实验小学四年级学生）

第六章　夜灯照亮求学路

亲潘玉婵手里拿着一件厚厚的棉袄，朝陈景润走了过来。"你阿爹说了，九哥爱学习是好事。陈家有爱读书的传统，你的爷爷曾说'诗书传家久'，所以你的父辈兄弟几个在你这个年纪也都很用功念书，后来才有机会考入邮政系统。读书是一个贯穿一生的事，不能急于一时，一定要注意休息，如果累坏了身体，看坏了眼睛，那再好看的书也不值得看！"说完，潘玉婵把棉袄递给了陈景润，"快入冬了，你阿爹怕你冻坏了身体，让你夜半再出门的时候，披在身上防寒。"

　　陈景润点点头。也许，这番道理，对一个年纪尚幼的孩子来说，显得过于深奥了，但这番话，却深深根植于陈景润幼小的心里，成为他对读书一生不变的执念。

第七章

邮政世家视野宽

爱无须多言,就如陈元俊一样,他总在潜移默化中,让孩子学会成长。

陈景润学习成绩不错,这一点不仅有父亲陈元俊的言传身教,也与胪雷陈家的家学渊源有关。陈景润的大伯父曾任中国邮政总局考绩处处长;二伯父是中高级邮政职员,曾任福建省邮政局视察室主任;父亲陈元俊职位最低,只担任一个三等邮政局的局长。他们这一家,可称邮政之家。

在当年,如果一个家庭有人在邮局工作,就意味着这个人能领到不错的薪水,同时也意味着这个人受过良好的教育。中国邮政的人事制度脱胎于洋人管制的海关,后以英国的文官制度为蓝本，特别强调选贤任能。由于邮政业务的特殊性，在人员的录用上，邮局十分注意从社会上广泛搜罗人才，特别是那些文化程度、外语水平和技能都比较高的人才。

因此，邮务员及其以下各级职工，都要根据所需名额，在局内外公开招考，局外人既可报考，同时局内人员也要准其参加，这样既可吸收局外合乎水准的人才，也能选拔局内优秀的低级人才，使得他们不断上进。公开招考的考试组织、投考条件和应试科目都有详细规定，如招考邮务员，就需要考算学、普通地理、汉译英、英译汉、汉文论说以及英文论说等六门功课。

陈元俊就是在一次又一次的局内选拔中，脱颖而出的。他本身就是一个善于学习、善于吸收西方新思想的人，在这种比较公平的选拔考试中更容易胜出。自然，在家庭教育中，他对孩子的学习和考试也更为注重。"唯有读书高"便是他的教育理念，因此，他基本上是每天下班回家，都不忘让孩子们拿出书本，以考查孩子对课程的掌握程度。如果孩子对课业内容不熟悉，则免不了一顿责罚。

陈景润念书是非常自觉和刻苦的，一般情况下，无须陈元俊多加催促，他就能把课程掌握得很好，不过，好学的陈景润也常常会遇到一些疑惑。有一天，他就问陈元俊："阿爹，为什么我们要学英文呢？我感觉英文字母很难记，英文的单词也不好玩。"

三一小学本以教授英文为主，刚入学的陈景润对于其他科目都学得很开心，掌握了很多知识，唯独对这些弯弯曲曲的字母并没有表现出很大的兴趣，他不明白自己学习这些"洋人的东西"，未来有何用处。

面对孩子的疑惑，陈元俊没有直接回答，他带着陈景润走到门口，指着陈景润常常看书的那盏路灯，问道："九哥，你知道福州的路灯是怎么来的吗？"

"路灯是工人叔叔架起来的！"仓山一带是福州较早拥有路灯的地段，陈景润看见过工人们在门前竖起电线杆的过程。爸妈也告诉过他，这种路灯叫"木杆小弯灯"，造型整齐划一，全是粗木电线杆，在距离地面约四米高的顶端，探出一盏小弯灯，灯罩为搪瓷制造，内白外绿，呈喇叭状，中间有个拳头大小的白炽灯，夜晚总是发出幽幽的光。

陈元俊又问："那么，这些工人叔叔是怎么制造路灯，是如何让路灯亮起来的呢？"

陈景润挠了挠头，答不出来了。

少年陳景潤

20 世纪初，福州的老街道就开始安装路灯了

　　陈元俊拉着陈景润，在自家的门槛上坐下，然后语重心长地说："九哥，这些工人叔叔也制造不了路灯，这是很深的学问，要了解这些学问，就需要学习英文了。"于是，陈元俊缓缓地向陈景润讲述了福州路灯背后的故事。

　　1809 年，英国皇家研究院教授汉弗莱·戴维爵士制成世界上第一盏弧光灯。1866 年，德国人西门子制成世界上第一台工业用发电机。1879 年 10 月 21 日，美国发明家爱迪生经过长期的反复试验，终于点燃了世界上第一盏有实用价值的电灯。

　　"福州第一盏电灯亮起，是在爱迪生试验成功之前。"

1915年,"电光刘"建成的福州电气股份有限公司办公楼原貌

早在1879年9月9日,福州马尾船政就已经用上了电灯——船政区域内的探照灯。根据当时上海著名的英文报纸《字林西报》和《北华捷报》刊载的通电新闻,福建有电历史距今已有136年,是国内最早用上电的地方之一。

最早用上电灯,不等于可以惠及民众。从福州第一盏电灯亮起,到路灯开始照亮夜晚的街道,离不开福州一个家族的努力。

"电光刘",是大家对福州刘家的尊称。经营福州电气公司的第一代人,就是刘家的兄弟刘崇伟、刘崇伦等几个,第二代则是刘崇伟之子刘永业、刘洪业、刘涛业等兄

第七章 邮政世家视野宽

少年陈景润

弟。当年刘家人才辈出，经营企业的大多是海外留学归来的，因此学习了海外最新的科技和理念，让福州市民用电能够得到保障。

"这些给大家带来光明和方便的科学技术，都是从国外传来的先进知识，如果想要掌握，都必须学习英文。如果不掌握英文，我们永远不可能知道世界上其他地方已经发生了什么样的改变，连追赶它们都很困难。"陈元俊说完，拍了拍陈景润的肩膀，"九哥，你看到的这一切都不是容易得来的呀，一百年来，中国落后于世界太多了。不仅电灯是这样，爹爹我工作的中国邮政也是这样。如果不是学习了外国的管理理念、文化制度，还得继续使用老方法运营，可能到现在还被洋人把持着，更谈何打败那些洋人开办的客邮？"

陈景润点点头："阿爹，我明白了。"

陈元俊笑了："好孩子，你虽然瘦一点儿，不能做什么重活儿，但是你的头脑聪明，好好学习吧，中国的将来就要靠你们这一代人了。"

陈元俊的教导，也在陈景润幼小的心灵中，埋下了一颗为了国家和人民而努力读书的种子。

第八章

成绩优异跳级生

1940年下半年，日军准备南下发动太平洋战争，他们妄图早日结束侵华战争，于是加强了对国民党政府的诱降。在厦门、广州沦陷后，国民党政府在东南沿海的对外补给线被切断，但宁波、温州、福州三地的小型港湾仍能为国民党政府输入物资。随即，日军便将矛头指向福州地区，控制福州成了日军的首要任务。

在陈景润的小学堂里，窗外常常是飞机大炮，窗内依然是琅琅书声。落后就得挨打，国家积弱，少年更应多读书。战乱中的孩子，他们更能体会到读书的不易，更能体会到读书的崇高目的。

少年陈景润

这一天，陈景润背着书包放学回家，还没迈进家门，就看到4岁的小弟弟陈景光急匆匆地冲他跑了过来。也许是跑得太急了，陈景光气喘吁吁，一旁的陈景润却急了："弟弟，发生什么事了？"

陈景光这才停止喘气，兴奋地说："九哥，我们有妹妹了！"

"妹妹？"陈景润赶忙跑进屋里，他看到虚弱的母亲已经累得在床上睡着了，姐姐陈瑞珍抱着刚出生的小妹坐在床边，父亲一个人倚靠在墙角重重地叹着气，只有不懂事的陈景光，还在兴奋地喊着"妹妹"，一直向着陈瑞珍想要抱抱小妹。

"外面社会不太平，赚钱的门路是越来越少了，可是，这孩子却又忍不住要生啊！"陈元俊显得有些无奈，也倍感压力，可是，既然孩子跟这个家有缘分，他怎么能拒绝呢？他缓了缓气，对在场的孩子们说道："日军侵我中华，外面民不聊生，社会混乱，真希望这个孩子长大了能像星星一样，奉献微弱的光。你们的妹妹，以后就叫'陈景星'吧。"

陈元俊说完，拿起外套披上肩，就出门了。也许，他是出去透气，也许是为了缓解压力，总之，孩子的降生，再次给这个窘迫的家带来了更加严峻的问题。

陈景润理解父亲心里的苦楚，他走到陈瑞珍旁边，看着刚出生的陈景星，不免觉得心头酸楚：妹妹的脸蛋苍白无血色，瘦瘦的小手放在小小的嘴巴旁，可能是因为缺乏营养，她连哭的力气都没有，早已如母亲般疲倦地进入了梦乡。

"姐姐，我也抱抱妹妹。"陈景润从陈瑞珍的手里抱过妹妹，发现姐姐的眼里都是泪水。

"姐姐，以后我和你一起照顾弟弟妹妹！"陈景润腾出一只手，紧紧地握着陈瑞珍，陈瑞珍的心里涌起一阵又一阵的暖意。

往后的日子里，哥哥陈景桐依然边读书边经营杂货铺，以替父亲分担家庭开支；陈瑞珍则是请了一段日子假，因为刚生产完的母亲身体虚弱得下不了床，她要帮忙带孩子；只有等到陈景润放学回来了，陈瑞珍才得一会儿空闲，因为陈景润会马上帮忙抱抱妹妹，也会把贪玩的陈景光拉到外面去玩。

但忙碌的日子并没有阻碍陈景桐、陈瑞珍和陈景润继续学习，他们总能在忙忙碌碌中挤出读书的时间。

1941年4月21日晚，日军飞机大规模空袭福州，福州

少年陈景润

爱书成癖／陈勋鹏（三明市陈景润实验小学四年级学生）

成绩优异跳级生／郑晨蕾（三明市陈景润实验小学四年级学生）

第一次沦陷。前一天，福州邮局大批员工携带档案撤出福州，先到闽清，后转往沙县。日军占领福州后，福州的邮局几乎都关闭了，仅极少数员工仍坚持收寄邮件，陈元俊就是在福州邮局坚守岗位的其中一位。当时，福州各种形式的抗日群众组织相继袭击敌人，有力地配合驻福州地区国民党军队的反击战。9月3日，在中国军队发起的猛烈进攻下，日军退出福州，福州终于得以光复。在这沦陷的136天里，福州经历了历史上最黑暗的日子，日军的残暴罪行可以说是罄竹难书，给福州人民带来了沉重的灾难。幼小的陈景润作为战争的亲历者，见证了这段惨绝人寰的历史，这也促使他更加发愤读书。

一年级的时候，陈景润的成绩常常在全年级名列前茅。到了二年级时，陈景润的表现更加优异，有时在课堂上，他会向老师提一些超越本年级知识水平的问题，让老师一时反应不过来。对陈景润自己而言，他也感到苦恼：课堂上老师的授课，他总觉得没有新意，难以静心听下去。

　　1942年9月，在新学期开学之际，9岁的陈景润报名上了五年级，直接跳了一级。跳级的原因，虽说是成绩优异，得到了父亲陈元俊的支持，得到了学校老师的支持，最主要的还是陈景润自己：不管年龄有没有增加，跳了一级，他就成长了一岁。他迫不及待地希望自己快快成长，让自己变得强大、变得羽翼丰满，尽早能为家庭排忧，为国家解难。

第九章

烽火连天转三元

福州第一次光复后,日军虽然退出福州,但福州人民的苦难并未就此完结。1941年12月,日本袭击珍珠港后,美国对日宣战。为了掌握战争的主动权,日军继续全面侵华,以取得后方补给线。随着日军对福州及周边地区的进一步入侵,福州越来越不平静了。许多政府机关已经往西部山区迁移,陈元俊所在的邮局也迁到永安。后来,他又从永安调到三元县邮局。三元县邮局原为三元邮政代办所,因地理位置特殊,后升格为三元县三等邮政局,尔后又升为二等邮政局。

1943年开始,日军对福州发动了一次又一次攻击。同

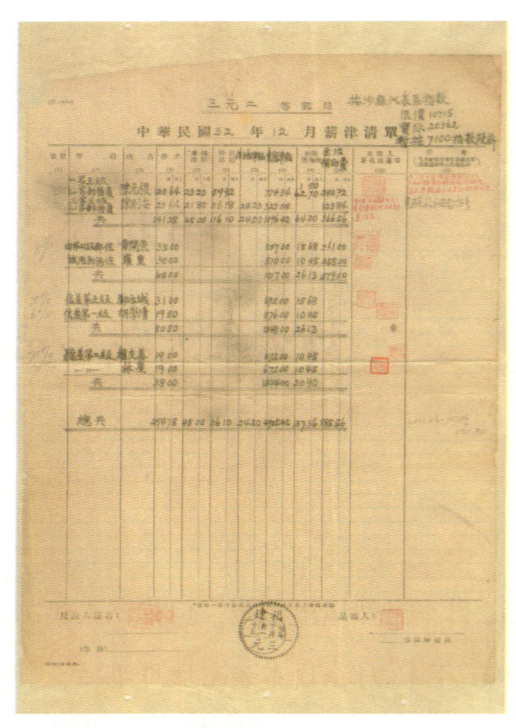

陈景润的父亲陈元俊"12月10日从永安到三元"（三明市档案馆提供）

年8月29日，在烽火中，陈景润最小的妹妹陈景馨降生。再次的生产让陈景润母亲潘玉婵的身体受到了致命的伤害，她显得比以往更加虚弱了。

　　1943年12月10日，在接到前往三元县邮政局担任局长的调令后，陈元俊连夜将家眷带到了三元县，与其说是去履职，不如说是去避难。

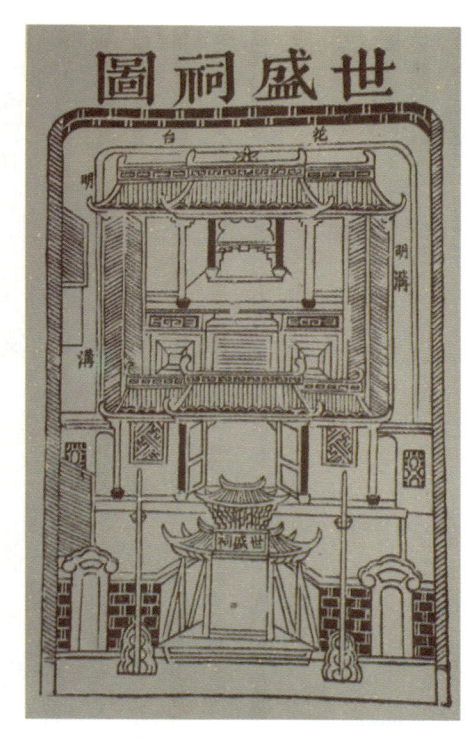

三元县三民镇中心学校设在一座叫作"世盛祠"的房子里

陈元俊一家是福州第一次沦陷的亲历者，日军在福州所犯下的罪行，陈元俊历历在目，那段日子，他时时从噩梦中惊醒。如今，战争再起，对于一家人的生计和生命安全，他其实早就有所打算，庆幸的是，这纸调令来得太及时了。

三元县是民国政府以原来的三元镇为基础，在1940年增划毗邻的沙县、明溪、永安县部分地区而成立的，原三元镇则改为三民镇。"三元"名字之来历，传说是在唐代的时候，这里有一户人家生了三胞胎，都是男孩，家里给他们分别取名叫龙元、狮元、豹元。他们自小就喜欢读书，非常勤奋。长大后，他们为朝廷立下了功劳，成了英杰。为了纪念他们的功绩，当地人便将他们出生的这块土地称为"三元"。

三元县地处福建中部偏西，西北靠武夷山脉，东南临戴云山脉，沙溪穿境而过，可以说是一座山环水绕的小城。相比于福州来说，这里是山区，较为偏僻，的确是战乱中避难的好地方。

刚到三元时，一路的艰辛自不必多言，陈元俊抛弃了祖产，只带着少量行李来到内地山城，全家人拥挤在临时安的三元县邮政局里。这个邮局设在县区南边阳巷里一座叫"次崖祠"的房子内，即李天纯大厝，临近沙溪。由于连夜的奔波劳碌，母亲潘玉婵和陈景润先后染上了肺结核，而潘玉婵因为体质较弱，都咳出血丝来了。

陈元俊可忙坏了，他安置完家眷，就连夜抓药、煎药。第二天天还没亮，他又急着张罗孩子们上学的事情，早早便出门往三元县三民镇中心学校去了。那时，三元县三民镇中心学校离陈元俊新家不过40米,设在一座叫"世盛祠"的房子里。历经半个多世纪的变迁,这所学校如今成了全国唯一以"陈景润"名字命名的小学,全称为"三明市陈景润实验小学"。1992年8月,饱受病痛折磨的陈景润,听闻他曾就读的三元县三民镇中心学校(时名三明实

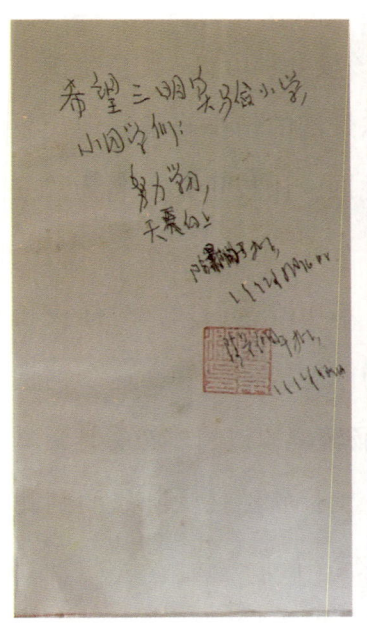

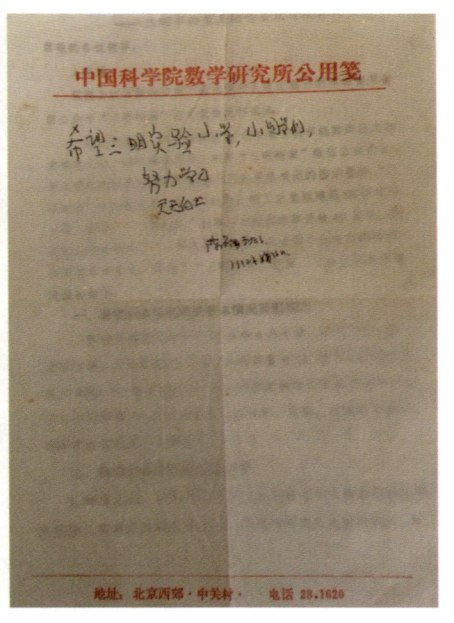

1992年8月,饱受病痛折磨的陈景润,先用十分僵硬的手在《哥德巴赫猜想》的扉页上艰难写下:"希望三明实验小学小同学们努力学习,天天向上。"他觉得写得不好看,又示意工作人员拿出印着"中国科学院数学研究所公用笺"的纸张,将上面的寄语再次艰难地写了一遍

验小学）发展良好，当即用十分僵硬的手艰难写下："希望三明实验小学小同学们努力学习，天天向上。"

三元县三民镇中心学校有着百多年的建校历史。1916年，刚刚兴起的新文化运动在三元催生出了三元初级小学；1931年改名为三元中心小学；1940年三元建县设三民镇，学校易名三元县三民镇中心学校；半个多世纪历尽沧桑，学校几易校名。直到2014年，在征得陈景润夫人由昆、陈景润儿子陈由伟的同意后，根据该校办学历史、师资生源、长远规划、发展机遇，为了让陈景润的精神与学好现代教育发展理念高度融合，经上级批准，该校正式更名为"三明市陈景润实验小学"。

这一天，陈元俊到达学校，不巧恰逢周六，时任校长外出。为了早点解决孩子上学的问题，他只好在这个祠堂里耐心等候。直等下午时分，饥肠辘辘，校长才匆匆赶回。在听闻了陈元俊一家的情况后，校长欣然接受陈景润到此插班。此时，陈元俊心里的石头才落下了。

1943年12月13日，在休整了两天后，病尚未痊愈的陈景润，再次背上书包，以小学六年级生的身份，踏进了三元县三民镇中心学校，继续自己的学习生涯。

第十章

山城迎来轰鸣声

庆幸的是，陈元俊一家很快地融入了三元县的新生活。

每天早晨，陈元俊会严格要求孩子们早早起床，在大厅里或院子里大声读书。琅琅的读书声萦绕在祠堂里，也传到了临近的街上。邻居们渐渐知道了陈家有爱读书的孩子，他们不但夸孩子们勤奋刻苦，也对陈元俊夫妻俩的家教十分敬佩。

潘玉婵则忙里忙外，操持着一家人的生活，督促完孩子们上学，又得照顾三个尚未上学的孩子。繁忙的日常生活，使得她原来落下的病根时不时发作，而且一发作就咳个不停。有一日，她实在咳得不行，刚把最小的女儿陈景

馨放在床上，就眼前一黑，晕倒在地。

在院子里玩闹的陈景光和陈景星一看母亲晕倒了，都吓得哭了起来。哭声惊动了邻居，大家手忙脚乱地把潘玉婵扶了起来，喂了点温水，潘玉婵这才有气无力地缓过神来。

陈元俊闻讯赶了回来，孩子们也陆续放学归来了。陈元俊看着病床上虚弱的妻子，内心充满了愧疚，泪水忍不住流了下来。孩子们看到父亲落泪，也大声地哭了起来，见此情形，来帮忙的邻居也成了泪人。

"陈局长啊，你妻子带着病，还得照顾一家子，实在不容易啊！"

"陈局长啊，我们山城穷乡僻壤的，找个人帮忙容易，你何不请个保姆为妻子分担一下啊！"

邻居们七嘴八舌，陈元俊听起来感觉句句在理。于是，他赶紧委托住在三元县里的一位远房亲戚，帮他到乡下物色保姆人选。正巧这个远房亲戚的乡下老家就有一个侄亲，早已父母双亡，一个人孤苦伶仃，但生活乐观，勤劳朴素，于是就推荐给了陈元俊。陈元俊一听女孩子的身世，甚是感慨，便让远房亲戚即刻定了下来。

一周后，女孩就在远房亲戚的带领下，来到陈元俊家里。女孩二十出头，黝黑的脸蛋上有着迎春花一般的笑容，粗大的手掌经过长期劳作，磨损得有些粗糙，但手背上的皮肤不失细腻，一身粗布衣裤虽然陈旧却十分整洁，外表略显沧桑。她刚走进陈元俊的家门，就羞涩得低下了头。

"赶紧进来，赶紧进来坐坐！"陈元俊招呼着女孩，也招呼远房亲戚赶紧进屋。等大家坐定，陈元俊就指着女孩，对着孩子们说道："这孩子论辈分，跟你们同辈，论年龄，比你们都大，以后大家就叫她'大表姐'，好不好？"

"好！"孩子们开心地喊道，毕竟家里多了一个年轻的姐姐，不仅显得更热闹，而且"大表姐"的帮忙，母亲也不必像以往那么操劳了。

从此以后，大表姐就在这个家待了下来，而且一待就是近十个年头，成为了陈家重要的一分子。

自从勤劳的大表姐来了以后，陈家的生活井井有条。有了大表姐的照顾，弟弟妹妹不会瞎闹，陈景润也能腾出更多的时间学习了。

其实，刚来到三元县时，陈景润就发现这里和福州非常不一样。福州是省城，各方面条件都比三元县好：福州的学校教室亮堂，教育水平高，教育设施好，三元地方偏僻，房子和学校都很简陋；到了晚上，福州的马路上就亮起了路灯，通明得可以让人阅读，可三元这个地方，太阳刚下山，天就暗了下来。尽管如此，三元也有好的一面：这里没有战争，这里没有嘈杂声，这里可以让他静下心来，继续独享读书的快乐时光。

课堂上，陈景润总是聚精会神地听讲。他已经习惯于前一天把今天要学的课文预习一遍，有不懂的地方就记下来，等老师讲到的时候，他带着疑问用心听讲，理解课文就变得得心应手，知识掌握也更牢固了。如果课堂上老师的讲解没能解决他的疑问，他就举手站起来提问，直到完全理解了，才坐下继续听讲。虽然陈景润平时看起来有些沉默寡言，但在课堂上，陈景润总是很积极活跃。

可是，安静日子并没有过多久。从1944年开始，日本发动了打通"大陆交通线"战役，对福州及其周边城市进行了狂轰滥炸。从此，三元时不时遭到敌机的侵扰，这个偏僻的山区里，也容不下一张平静的书桌了。

有一天，孩子们正在上课，日军的飞机飞越学校的上空，忽然在学校的不远处投下一枚炸弹，"轰"的一声，教室一下就颤抖了起来。"赶紧撤离！"老师喊了一声，就带领孩子们往学校后面的山野跑去，跑着跑着，大家发现少了一人，就大声呼喊："陈景润呢？陈景润呢？"

这时，队伍的不远处，陈景润瘦小的身体飞快地跟了上来。原来，他舍不得自己的书本和文具，每次到野外躲避，他都不忘先把书本文具收好带在身上，才最后跟着跑出来。他虽然是最后跑出来的，但也能跟上队伍，倒是老师常常被他吓得一身冷汗。老师会让孩子们躲在山坳里，防空警报不解除，就得一直躲着，不能出来，有时候一躲就是大半天。为了消磨时间，大部分孩子便开始说说笑笑

山城读书声 / 苏睿（三明市陈景润实验小学五年级学生）

第十章 山城迎来轰鸣声

嬉闹玩耍了。唯独陈景润，总是安安静静的，掏出书和笔，坐在山坳里某个有光的角落，思考起来。

老师每每看到这个场景，嘴角总会露出赞许的笑容。孩子们被陈景润的勤奋触动了，也纷纷安静下来。

在这种安静的氛围中，"国家"的形象在孩子们心中逐渐清晰。他们相信，国家只是暂时贫弱，有朝一日，国家一定会强大起来。

第十一章

高小毕业失了学

1944年7月，成绩优异的陈景润从三元县三民镇中心学校高小毕业。

在20世纪30年代以前，三元县并没有完整的小学教育。就当年而言，小学实行"四二分"的初小高小学制，初小指的是小学一至四年级，高小指的是小学五至六年级，民国时期的小学一般上到五年级就可以毕业。

1931年，这所由清末文人邓圣集等人创办的三元初级小学第一次易名为三元中心小学，除了教授国文、算术外，还开设了军事、自然等课程，并增设了高小，成为完全小学。当时虽然设有高小教学，考试却要到沙县去会考。

少年陈景润

虽然有了完全小学，但当时三元县尚未开设中学教育。高小毕业了的学生，如果继续接受教育，只能选择到隔壁的沙县、南平县（现为南平市）等地方就读初中。所以，陈景润高小一毕业，就面临着艰难的抉择：是去沙县读书，还是失学在家？

这天晚上，陈元俊工作归来，就看到陈景润满脸愁容地坐在凳子上。他手上拿着书，眼角却满是泪痕。看到父亲归来，他背过身去，眼泪却止不住地滑落下来。

陈元俊一眼就看透了陈景润的心思。从1944年2月起，作为三元县邮政局的局长，也是陈景润的家长，陈元俊几次被邀去参加"三元县立中学"筹备成立的座谈会。当时，由吕祖韬老先生牵头，座谈会召集了曾毕业于三元县三民镇中心学校的当地的一些知识分子，如邓镐昂、魏植杰、邓新圆、邓子宁、邓允垲、邓象绅等，还有一些孩子即将从三元县三民镇中心学校毕业的学生家长，他们共同商议筹办中学事宜。到了7月，眼看高小班的学生即将毕业，但筹办中学事宜依然未果，大家只能干着急。

陈元俊心里明白，陈景润一定是担心自己会失学，但他没有一下说穿，就跟陈景润谈起了时局："入秋以来，日军在福州又开始烧杀抢劫狂轰滥炸了，他们枪杀无辜市

1944年7月，三元县三民镇中心学校第四届学生毕业留影，前排左二为陈景润。其背景就是世盛祠

陈景润小学毕业证书（福州市博物馆提供）

民，鲜血几乎染红了路面。连日来，福州周边城市连续遭受打击，房屋倒塌、鸡飞狗跳、哀鸿遍地。如若当初我们不从福州赶往三元，如今可能身陷战场，亲人离散啊！"

陈景润本想跟父亲说："我的同学邓孝干已经决定毕业后去沙县读初中了，我能否也跟着一起去？"但听着父亲的一番话，陈景润话到口边，又吞了回去。

陈元俊看了看陈景润，继续说道："如今国难当头，我们虽然拿不起枪，虽然上不了战场杀敌，但我们应守本分，学新知，奋发图强，有朝一日报效祖国！"陈元俊说得神情激昂，一旁的陈景润竟竟一时忘了失学之痛。

"阿爹，如今我该怎么办呢？"陈景润的情绪稳了下来，但面对自己即将无学可上，他还是一脸的疑虑。

"沙县虽有中学，但离三元距离遥远，家人无暇顾及，更何况沙县也不稳定，去沙县读书不是长久之计。近日，阿爹已经参加了几次'三元县立中学'筹备座谈会，我相信不久的将来，这所中学一定能办得起来！"

"那要是办不起来呢？"

"不会的！倘若真办不起来，阿爹一定会再想办法。战争不会永远下去，只要我们心中有信念、有理想，不管身旁炸弹横飞，即使身不在教室，我们依然可以心无杂念，用求知之心汲取知识，如绿叶吮吸阳光，如红花沐浴雨露。"

"阿爹，我明白了，读书只在境界，不应凝滞于物。"陈景润心有所悟。

"九哥明白就好！"听了陈景润的话，陈元俊满意地笑了。

这一晚，陈景润早早地进入梦乡。陈元俊却一夜无眠，他轻轻地抚摸着陈景润熟睡的脸颊，感慨着孩子不应承受之磨难。可是，孩子的这些磨难，和处于水深火热中的同胞比起来，算什么啊？眼前闪现而过的各种悲惨镜头，让陈元俊的心焦虑起来，在福州的亲人还好吗？在福州的同胞还好吗？即使不好，他又能做些什么呢？

8月到了，"三元县立中学"还是没有办起来的消息。陈元俊决定了，就在陈景润失学的这段日子，他要亲自当陈景润的英文老师，教习孩子熟悉掌握英语，为未来获取更多的知识拓宽渠道。陈景润也很认真地学习，每天在家里大门都不出，就念"ABC"了。

1944年9月27日，日军在连江大沃小沃、官岭及浦田一带国民党军队防守薄弱处登陆。28日攻陷连江，随即分兵两路，一路经丹阳向罗源县境进犯，另一路向潘渡与汤岭一带前窜而会合于福州、闽侯县之北区。10月4日，福州市内所有国民党军队全部撤退，福州城成为空城。10月5日，日本侵略军先头部队进入福州市区，福州第二次沦陷了。

不幸的消息一个接着一个传到三元县，传到陈元俊的耳朵里。陈元俊有些绝望了，他的苦恼日积月累，无处释放，只能在教习陈景润英文的时候，跟着孩子一起大喊"ABC"了。

第十二章

三元县中始办校

1945年2月12日,陈元俊一家迎来了迁到三元县后的第一个除夕。

三元县相较于福州仓山来讲,显得落后偏僻些,毕竟山城交通不似省会城市那么四通八达,发展当然也较为滞后。但越是乡野的地方,过年过节的味道越浓。从农历十二月廿三开始,三元人民过年的味道就越来越浓烈了。

大表姐是三元乡下人家,对本地过年的习俗更是熟知。从廿三送灶神上天后,她就带着潘玉婵、陈瑞珍备齐压岁物品,购冰糖、糖豆、米泡等用来招待客人的茶点,又添置红橘、甜瓜、香茶等供品,再备好猪、羊、鸡、鸭、鱼之类禽畜海鲜。廿七日开始，大表姐就带着孩子们"扫厝"，将室内屋外打扫干净，又组织孩子们贴春联。到了卅年暝（即除夕）中午，大人们就开始忙着打糍粑了。孩子们嘴馋，一边围着打糍粑的石臼欢闹，一边抓着沾有红糖和黄豆粉的糍粑吃。打完糍粑，在中厅摆上香案，陈上五味素果，供祀天神、宅神，接着出门悬挂灯笼，焚香、烧烛、鸣炮。整个下午，万家爆竹齐鸣，此起彼伏，好不热闹。

卅年暝的重头戏是围炉，入席后，面对满桌的美食，孩子们已经垂涎三尺了。看着孩子们一副饥肠辘辘的样子，陈元俊说了几句吉利话，就让大家动筷了。

也许是食物太丰盛好吃，也许是国内战事不断、食物短缺，这一顿年夜饭，成了陈景润毕生难忘的一顿晚餐。

席间，陈元俊给每个人都发了压岁钱，大家都兴奋不已。这时，陈元俊抿了一口当地的糯米酒，然后就高兴地说起来："等过了卅年暝，三元县中就要开始招第一批学生了，我们的九哥有书读了！"

由于屋外鞭炮声时不时响起，陈景润和其他兄弟姐妹并没有听清父亲在说什么，只能疑惑地望向父亲。

"我说，三元县中确定要开办了！"陈元俊再次提高

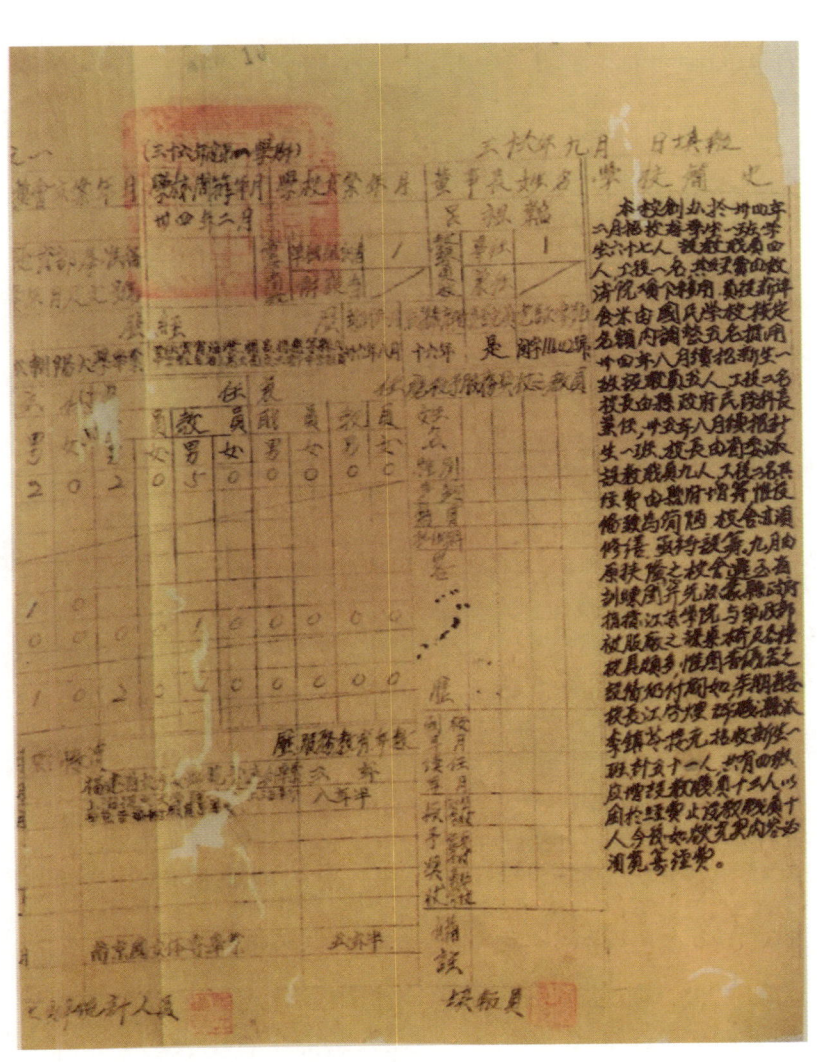

该档案的右侧，详细地写明了"三元县中"的创办概况
（三明市档案馆提供）

第十二章 三元县中始办校

了声音。

"真的？"一旁的陈景润终于听清了父亲的话，忍不住大叫起来！

"真的！多亏三元县这些文化人的不懈努力啊！他们不辞劳苦，不畏失败，几经交涉，为家乡教育竭尽全力，没有怨言。这真是一件造福子孙后代、功德无量的大好事！"陈元俊喃喃自语道。

是啊！是三元这块有灵魂的土地，赋予三元这些文化人以使命；是三元这些有情怀的家乡人，赋予三元这块土地以灵魂。1945年农历卅年暝一过，"三元县中"要创办的消息就传遍了三元县的大街小巷，每个三元人都为之振奋。

新创办的"三元县中"，全称为三元县立初级中学，校址设在三元县祠堂巷左边的"笃庆祠"。这所县立初级中学之所以能够成立，还得归功于抗战时期较为特殊的教育政策。当年，由于日军占领了中国最重要的财富来源地——东南沿海地区，政府失去了占全部财税收入一半以上的关税，加上军费开支急剧上升，财政状况极为窘迫。一些政界、教育界人士提出实施战时非常教育或国防教育，主张将一切正规教育中断，高中及大专院校停办，让师生员工应征入伍，共赴国难。面对这样的情况，国民政府提出实行"战时教育须作平时看"的教育政策，不能为了应急之故就丢了根本。教育是立国、强国之本，只有培养大量的人才，才能在国家危急关头变成国家最强劲、最可靠的生存力量。因此，国民政府向教育投入了仅次于军费的经费，在当时居政府财政支出的第二位。战乱导致了民众贫困问题，政府因此免除了大中小学的学杂费。

抗日战争爆发后，沦陷区的许多高校逐渐迁往内地，当时江苏学院的不少大学生和教师也来到了三元，给新创办的县立初级中学提供了丰厚的师资力量。如今，经过多年发展，三元县中这所创立于战乱时期的学校，已成为福建省首批示范性高级中学，被誉为"首创文明校，八闽一枝花"。1996年被福建省教委确认为省一级达标学校，1997年改为高级中学，现更名为"福建省三明第一中学"，是一所现代花园式学校，更是一处莘莘学子的读书圣地，培养了一代又一代优秀学子，走出三明，报效祖国。

三元县中创校初期先开设春季班，目的是让高小毕业的学生能尽早返回课堂。创校发起人之一、第二届校长魏植杰曾回忆说："当年创校是2月份，从三元县三民镇

少年陳景潤

中心学校高小毕业的学生已经荒废学业半年了，我们不能让孩子再荒废半年。"三元县中开设的春季班在当年卅年暝一过即刻招生，首批就招了67名学生。原来跑到沙县去读初中的邓孝干等同学，已经读了一学期的课程，听到三元县也有自己的中学了，专门跑回来报名，重新从春季班开始学习。

三明市第一中学（原三元县中）校园内矗立的陈景润雕像

1945年2月20日,在家跟随父亲自学的陈景润,再次背起书包,走向新的校园。这一天的清晨,阳光特别明亮,照得万物都笑弯了腰,在前往"笃庆祠"的路上,陈景润似乎都能听到鸟儿歌唱,他欢快的心情如吃了糖果一般甜蜜。新春佳节的氛围还没过去,路上时不时地闯出几个调皮的

三元县中始办校 / 张轩瑞(三明市陈景润实验小学五年级学生)

第十二章 三元县中始办校

孩子，他们互扔鞭炮嬉闹，高兴至极。远处拜神的人们，时不时放几串鞭炮，鞭炮声噼里啪啦，在这个空灵的清晨响着，声声传递着喜悦。

终于到"笃庆祠"了，教室里临时摆放的课桌整整齐齐，同学们都到了，老师也来了，大家齐刷刷坐下。老师开始领读，孩子们憋了半年劲，也大声跟读起来，琅琅的书声和着鞭炮的声音，飘出了"笃庆祠"，响彻三元县的上空。

此时，福州已经落入了日军的魔爪，偶尔，"笃庆祠"里也会飘来几声轰炸的声音，但声音要比孩子的读书声弱些，再弱些……

第十三章

物以言志景传情

1945 年初，侵华日军败局已定，为扭转败局，日军决定收缩兵力，撤退在福建沿海的部队。5 月 18 日，日军先从福州撤退，经罗源、宁德、福安、霞浦、福鼎等地，向浙江永嘉方向逃窜，福州第二次光复。从 1944 年 10 月 5 日至 1945 年 5 月 18 日，福州第二次沦陷历时七个半月，226 天。

消息从福州传来，陈元俊一家兴奋得一夜未眠。此时，虽然福州已经光复，但全国抗战并未取得完全胜利，陈元俊只能将返乡的念头压在心底。

1945 年 7 月，陈景润迎来重新入学的第一个暑假。这

少年陈景润

一学期，由于是休学了半年才上的学，陈景润的课程似乎有些跟不上了，期末考的成绩平均分仅为 65.2 分。

这对勤奋好学的陈景润来说，是个不小的打击，在拿到成绩单的那个下午，他没有直接回家，而是在这个群山环绕的小城里转悠。走过幽幽的崎岖小路，穿过葱葱的浓郁山林，蹚过潺潺的清澈溪流，听着唧唧的欢快鸟叫，陈

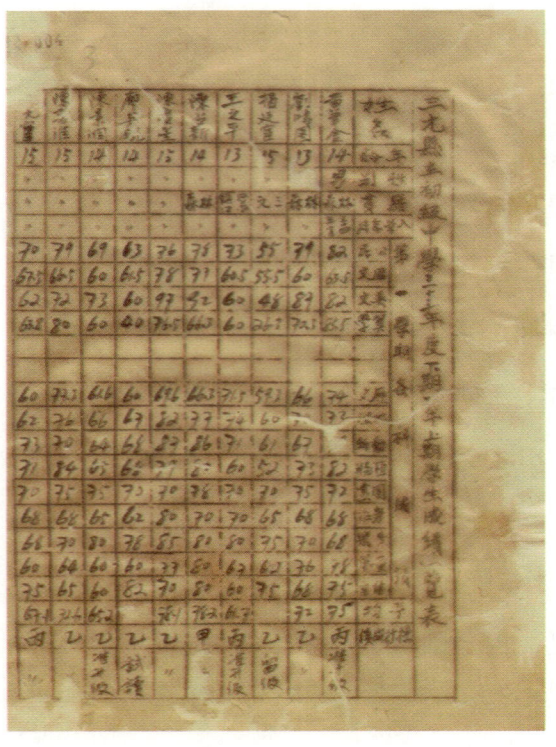

陈景润初一上学期各学科成绩
（三明市档案馆提供）

景润的心绪逐渐平静下来，他想，只要自己多加努力，成绩肯定很快就会追上来的。

这样想着，陈景润的心情愉快了好些。

回到家里，看着身体虚弱却又忙东忙西的母亲，陈景润又心疼起来。他听同学说，三元县城附近的山上，每到夏季，树林里就会长满红菇，只要采回来，便有专人收购，而且价格不菲。他何不趁着暑假，去山上采一些，既可卖点钱贴补家用，又可以在闲暇时复习功课，这一举两得的事，何乐而不为呢？这样想着，他便对母亲潘玉婵说道："阿妈，同学们都说红菇能卖钱，从明天起，我就跟同学去山上采些，山上安静，我也可以顺便在山上复习功课。"

潘玉婵有点犹豫，三元县周边山高林密，孩子上山岂不是很危险？

"阿妈，你放心好了，我都上初中了，会照顾好自己的。"

潘玉婵听陈景润这么坚定，也就答应了，毕竟，孩子大了，懂得分担家务了。

第二天清晨，陈景润就约上三五个同学上山去了。那时的三元县城周边，虽然草木旺盛，但能长红菇的地方不多，因红菇生长有独特条件，主要长在栲树下长年积腐的落叶之下的土壤中。县城周边的森林虽然万木葱茏，但栲树并不多。孩子们第一次上山，显得很兴奋，但没过多久，手脚都被荆棘划破了几道红口子，却没捡到几个像样的红菇。几天下来，孩子们都泄气了，只有陈景润还如往常一样，天天邀约大家继续上山，因为在他心里，采红菇重要，复习功课也很重要。

直到有一天，一个同学提议："何不去莘口楼源的小湖村，那里有一座山，山上森林茂密，一定能找到很多红菇。"

"从城关去莘口楼源的小湖村，此去十几公里路程，怎么过去啊？"有同学反对道。

"走着过去啊！我们早点去，下午可以走到莘口再坐顺流而下的墟船回来，天黑前就可以回到城关了！"

同学们表示赞许，于是约好第二天天刚亮就出发。大家沿着山路，赶往莘口楼源的小湖村。走了三四个小时才抵达目的地。站在山底，望着眼前郁郁葱葱、高大挺拔的树木，同学们都忘记了路途的疲倦，一口气就爬上山，钻进森林里面。"真的有许多野生的大红菇啊！"同学们兴奋得叫了起来。他们一边寻找地上的红菇，一边捡着落地的枯枝，一会儿互扔枯枝，一会儿相互追逐。他们嬉戏玩闹,玩得不亦乐乎。

这高大挺拔的栲树,其实是一种叫"格氏栲"的林木,树冠浓密,开黄花,其果实含淀粉,甘甜可食,有"小板栗"之称。当年不甚稀奇的"格氏栲",因其材质坚实,纹理细密,耐腐蚀,如今已成为造船和高档家具的上等材料,而其树皮可制栲胶,可谓全身是宝,名声享誉八闽内外。1996年,当地政府将这片面积为1.41万亩、木材总储量21万立方米的"格氏栲"生长聚集地,规划为"三明格氏栲国家森林公园"。

三明格氏栲国家森林公园以及公园里挺拔的"格氏栲"林木

少年陈景润

采完红菇，陈景润并没有参与同学们的玩闹，而是独自一人站在郁郁葱葱的栲树前。这一棵棵挺拔的栲树，如同撑起的大伞，遮盖着整座大山，午后火辣辣的阳光在这密密层层的树叶面前显得那么无力。山风轻轻吹来，带来一丝丝凉意，也让陈景润产生了无尽的遐思：栲树看起来如此伟岸正直，这不正是告诉我们，做人要如栲树般质朴、坚强、力求上进吗？

"回去了！"同学的一声喊叫，把陈景润飘散的思绪拉了回来。丰收的喜悦洋溢在每个人的脸上，同学们一路欢笑着下了山，将红菇卖了好价钱后，又开心地用了餐，赶在天黑前，乘坐墟船回到了城关。

后来，有同学应隔壁秋季班的王远耀邀请，问陈景润要不要一起去岩前的万寿岩。陈景润觉得路途太远，有些犹豫，同学就说："那里可是名人雅士讲学读书的地方，留下了许多传说故事和名作诗篇，你若不去，绝对要后悔的。"一席话勾起了陈景润的兴趣。

隔日，陈景润便和同学启程，坐车行船，当日中午才抵达岩前镇岩前村的万寿山。刚站在山脚下，陈景润便被眼前的美景惊呆了：山岩前后两石，杨木茂盛；前方的岩石形似寿桃，有两洞甚幽，廊内有龙井，外有栩栩如生的石龙、石狮形象等奇石；后方的岩石形似翠云，固以此得名，旁有石帐、石榻和潺潺流泉。溪流沿岸，一片平坦水草，隔河又有乡坊对峙。此间，隔岸上的乡坊炊烟袅袅，溪流之水汩汩作响，清风拂过，绿草、杨木轻轻摇摆，惊醒的林中鸟儿纷纷展翅，叽喳不休。这一幅乡村美景图，实在是太超凡脱俗了。

万寿岩自古以来，因奇峰异洞和幽雅书舍吸引了无数名人雅士，留下了诸多理学先贤的足迹，杨时、罗从彦曾寓居于此，李桐也曾讲学于此，朱熹、张若谷、张驾、陈瓘等曾经读书于此。真可谓："山叠山焉，山山藏故典；洞连洞也，洞洞孕文章。杨罗李朱，四贤竞彩；应龙祖洽，双桂流芳。"

万寿岩遗址以及考古发现的遗址里面的铺石地面

1999年秋，万寿岩旧石器时代文化遗址被发现，由船帆洞遗址、灵峰洞遗址、龙井洞遗址等组成，共出土四个文化层：中更新世晚期（距今18-20万年前）、晚更新世早期（距今10万年前）、晚更新世晚期（距今4万年前）和晚更新世末期（距今3万年前），各文化层均含有大量远古人类制作的石质工具及伴生哺乳动物化石。万寿岩旧石器时代文化遗址的发现，把古人类在福建生活的历史提前了十几万年，填补了福建省考古学年代上的一段空白，也是中国华东地区迄今发现最早的洞穴类型的旧石器时代早期文化遗址。

万寿岩是每个读书人都应该前往朝圣的地方。此时，站在万寿岩上，举目远眺乡坊，细听汩汩溪流，微风轻轻拂过，陈景润心醉神怡，他似乎已经置身于古人的讲学读书中……

第十四章

庆祝胜利扎花灯

1945年8月15日,这是一个特别的日子,因为中国人民迎来了伟大的胜利——日本投降了。

这天上午9时,蒋介石端坐在重庆"中央广播电台"的录音室里,用激动的声音说出了第一句话:"全国军民同胞们、全世界爱好和平的人士们:我们的抗战,今天是胜利了。……我们中国在黑暗和绝望的时期中,八年奋斗的信念,今天才得到了实现。"

消息从远方传来,传到三元县这个偏僻的山城时,已经是晚上了。

消息是通过电话电报收发的邮局传送的,陈元俊在邮

少年陈景润

局工作,当然也是最早获知的,当他听到"日本投降了"这一消息,几乎不敢相信自己的耳朵。他和两名工作人员反复对信息进行确认,用电话、电报,用他们所能联系上的任何方式,再三确认了这个事实。

"是的,日本无条件投降了!"

"我们胜利了!"

"中国胜利!还我河山!"

当各处发来的消息全都确认了这一激动人心的事实时,邮局里爆发出一阵热烈的欢呼声。陈元俊泪流满面,他丢开手上的工作,飞快地跑出邮局大门,他一路跑一路喊:

1945年8月15日,经过中国人民长达十四年不屈不挠的斗争,以及美国对广岛、长崎的原子弹轰炸,日本终于宣布无条件投降。中国经过艰苦卓绝的十四年抗战,终于取得胜利

"日本投降了！中国胜利了！"

很快，在这个月色朦胧的夜晚，抗战胜利的消息传遍了三元县的大街小巷、厝前巷尾。大家都走出家门，挤到广场，挤到空地，挤到街角，当收音机里沙沙地传来"日本无条件投降"的声音时，人群一下子就沸腾了！是的，这么多年的战争，中国人民忍受了多少屈辱！忍受了多少悲欢离合！忍受了多少的辛酸痛楚！"终于胜利了！"这是何等的感慨！这是何等的欢乐！人群里很多人唱了起来，很多人哭了起来。人们激动的情绪，就如同烈焰在火山口奔腾，就如同多彩的烟花在夜空绽放。大家欢呼雀跃起来，锣鼓、口笛、铃铛，甚至锅碗瓢盆……凡是能发出声响的，都是胜利的号角，都在这一刻吹响！

上弦月微弱的光洒了下来，当晚，欢庆的人群汇聚在一起，他们有人点起火把，有人拿着提灯。随后，凌乱嘈杂的欢呼，逐渐演变为有节奏的呐喊："中国胜利！还我河山！"声声震撼着山城，声声震撼着夜空。

陈元俊在这样一片欢腾的气氛中回到家，夜深了，但陈景润和兄弟姐妹们并没有入睡，他们见到父亲归来，便迫不及待地围了上来，七嘴八舌地问道："阿爹，消息是真的吗？中国胜利了？日本投降了？"

"是的！孩子们！"陈元俊感慨地答道，看着这一群衣裳满是补丁、身材瘦削、面无血色的孩子，陈元俊兴奋地大声说道："日本投降了！我们的苦日子终于到头了！"

这一夜，山城无眠，火光闪耀，有如星光。

第二天，天刚微微亮，陈景润的家门口就传来一阵阵喊声，原来是游行的人们在庆祝胜利。他们手上拿着各种条幅标语，嘴里喊着铿锵有力的口号。陈景润往人群一看，发现队伍中有几个自己的同班同学。人群中，同桌邓铨繁见到陈景润，连忙喊道："陈景润！陈景润！快来！快加入我们的游行队伍！"

陈景润也激动了，他迅速加入队伍，伴着节奏高声呐喊着。人群沿着沙溪河边走，一路上，有人用喇叭在大声广播：

"从1931年到1945年8月15日日本无条件投降，中国军民与日军大小战斗165000多次，歼敌1500000人，占'二战'日军阵亡人数的70%。与此同时，中国山河破碎，付出了无数的生命和鲜血，中国军民伤亡达3500多万人，一亿多人民妻离子散，财产损失及战争消耗超过6000亿美元……

"今天，我们终于迎来了胜利！这是全国人民用生命、用血泪换来的胜利！这胜利属于我们，属于每一个人！"

广播每传来一句话，人群中就爆发出巨大的掌声和欢呼声。陈景润和同学们一边走着，一边听着，他们心中那种难以抑制的热情也爆发了出来，每个人都热血沸腾地鼓起掌来。

这时，邓铨繁向陈景润靠了过来，他凑到陈景润的耳边，大声喊道："陈景润，要不，我们组织同学们来个花灯大游行，一起庆祝抗战胜利？"

陈景润应和道："真是好主意！"

于是，邓铨繁开始召集同学们商议，大家纷纷表示赞许。由于是暑假时期，同学们并没有全来，邓铨繁便进行分工，一部分人去召集其他同学，一部分人上山去砍竹材。虽然班级的成员来自福建省的各个地方，大家在一起的时间不长，但他们感情已经非常好，又逢这个振奋人心的时刻，下午时分，全班的同学就基本到齐了。

负责砍竹材的回来了，拿染纸、糨糊的也来了，取刀具的也来了，一切都准备就绪。孩子们找了个宽敞的空地，准备扎起花灯，可是，要扎什么花灯呢？这可把大家难住了。

"扎莲花灯。""扎太阳花灯。""扎笑脸灯。""扎

向日葵灯。"……大家各自展开奇思妙想，七嘴八舌地讨论着，但大家始终认为不够有新意。

这时，陈景润不慌不忙地说道："要不，我们扎一个'V'字形的花灯？"

大家更是丈二和尚摸不着脑袋："嗯？什么是'V'字形的花灯？"

陈景润摆了一个'V'字形手势，然后解释道："这个手势不久前可流行了。听说，英国首相丘吉尔在地下掩体内举行记者招待会时，地面上突然警报声大作。丘吉尔闻声举起右手，用食指和中指同时按住作战地图上的两个德国城市，大声地对与会记者说：请相信，我们会反击的。这时，一名记者发问：首相先生，有把握吗？丘吉尔转过身，将按在地图上的两个指头指向天花板，情绪激动地大声回答：一定胜利！这一场景出现在第二天出版的各大报纸上，从此，这一手势便迅速流行开来。"

听陈景润这么一讲，大家肃然起敬。原来，陈景润不仅专注于读圣贤书，也关心国际时事啊！

看大家表示赞同，陈景润继续说道："胜利，在英文当中的写法是'victory'，'V'就是它的开头字母，所以'V'也用来代表'胜利'的意思。日本投降了，我们伟大

庆祝胜利扎花灯 / 张艺扬（三明市陈景润实验小学五年级学生）

第十四章　庆祝胜利扎花灯

的中国人民赢得了这场胜利，但我觉得，这不仅仅是我们的胜利，也是世界反侵略、反法西斯战争的胜利。"

"说得好！我们要用'V'来传达胜利的喜悦与激动。"

"'V'字形的花灯，太有意义了！"

当天下午，大家就扎了三个一米高的"V"字形的花灯。在庆祝胜利的游行队伍中，"V"字形的花灯被举得最高，也最显眼，得到了山城人民的一致称赞。而当初陈景润突发奇想的"V"，那个具有"国际化"手势，如今已经成为街头巷尾流行的"剪刀手"了。

第十五章

数学启蒙有恩师

沸腾的8月很快就过去了，9月一到，新的学期又开始了。

经过一个暑假的复习，陈景润重拾了信心，上课也更加刻苦认真了。当时三元县中的老师，无论是躲避战乱而来的江苏学院的陆宗授和纽钟礼，还是热爱乡土的原三元文人邓镐昂、魏植杰、邓新圆、邓子宁等，都是历经艰苦抗战奋发图强才成为倾心教育的教育界人士的，正是他们，接过了先辈传递下来的薪火，再传递给陈景润这一代的中小学生。

在同学和老师的眼里，陈景润不太喜欢体育运动，只喜欢安安静静地看书。平时，其他同学叫他去打球、去玩，他几乎都不参加。陈景润也不喜欢手工，劳作和绘画课的成绩也不高。陈景润更不喜欢语文，语文成绩一直没有提高。语文老师很有学问，但总爱大谈一些"救国亡存"的大道理，这让喜欢钻研的陈景润感到很茫然。不过，陈景润的英语很好，这大概得益于他自己独特的学习方法，以及父亲的倾心教导。上英语课时，老师叫学生读英语课文，大多叫的是陈景润。对数学，陈景润表现出极大的兴趣。这两位来自外地、知识渊博的数理老师，特别是陆宗授老师，成了陈景润学习数学、钻研数学最初的启蒙老师。

有一天，陆宗授老师一下子布置了33道课后练习题。听到陆老师布置了这么多作业，班上的许多同学都面露难色。陆老师觉察后，便补充交代说："这33道题都是本单元的基础练习题，如果大家觉得作业太多做不完，可以任意挑选其中的10道题，明天数学课上课时交作业。"

第二天，陆老师上课的时候，班上同学几乎都只做了10道题，唯有陈景润的作业本工工整整地写着33道题的运算过程和答案。

陆老师和同学们都感到十分惊讶。

下课后，陈景润还坐在位置上，他沉浸在老师刚才讲解的每一道算术题里。好奇的同学们围了上来，七嘴八舌地问陈景润：

"陈景润，老师不是说可以任选10道题吗？你为什么要全部做完啊？"

"陈景润，你是不是发现了什么秘密方法？不然，这么多道题目，一个晚上是怎么做完的？"

陈景润只是笑笑，平静地说："其实，真没有什么秘密方法，我就是一题一题演算下来的。解答每一道数学题

数学启蒙有恩师／余可萱（三明市陈景润实验小学五年级学生）

的过程，真的非常有趣，我也不知道花了多长时间，反正不知不觉中，就把全部题目解答完了。"

这件事以后，陆宗授老师对陈景润的数学学习更加关心。陈景润开始从对数学的喜欢，逐渐变成了痴迷。他并不清楚数学到底有多大用处，更不知道数学研究将会成为他为之奋斗一生的目标，此时，他仅仅是对数学怀有浓厚的兴趣而已。每次下课后，陈景润都拉着陆宗授老师问个不停，直到下一节课的上课铃响了，这一对师生才意犹未尽地依依不舍地暂别。

某天晚上，陈景润在做数学作业时，一道数学题将他难住了。他思考了整整一个晚上，也没有想到解答的办法。这时，全家人都已经进入了梦乡，但陈景润还是决定起身，去向家住附近的陆宗授老师请教。

刚要出门，陈景润不小心将睡在同一间屋子的大哥景桐给吵醒了。"景润，这么晚了还不睡，还要出门去哪儿？"景桐惊讶地问道。

"有一道数学题我演算了一晚上，实在算不出来，我得去向陆老师求教。"

"景润，你看看现在都什么时候了，陆老师也该睡着了，明天上课再问也不迟啊。"景桐打着哈欠说。

"不行啊，如果今晚算不出来，我的脑袋里就像有了几百条虫子在窜。"陈景润怕影响其他人，压低了声音，轻轻地补充道，"而且，陆老师和我有约定，如有碰到难解的题目，不管多晚，都可以直接去找他。这道数学题太有趣了，我相信陆老师也会喜欢的。"

陈景润以为自己够轻声轻语，不料夜深人静，他还是将睡在隔壁房间的父亲陈元俊给吵醒了。陈元俊了解陈景润的脾气，就躺在床上对着景桐说道："让他去吧！你劝阻他也没有用，不把难题解出来，他是不会罢休的。"

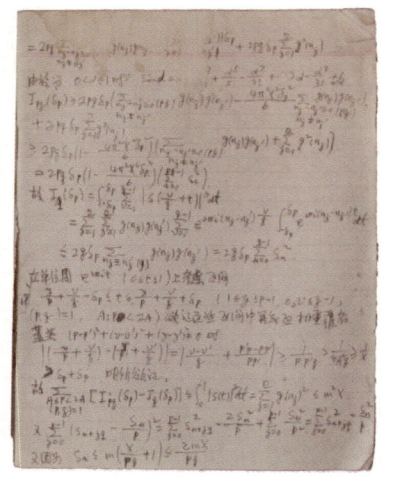

陈景润的笔记本及字迹工整的手稿（福州市博物馆提供）

第十五章　数学启蒙有恩师

于是，陈景润就笑着出门了，全家人也不知道他是几点回到家的。

第二天，陈元俊偶然见到了陆宗授老师，连忙对陈景润夜访打扰一事连声致歉。不料陆老师高兴地说："昨晚景润的数学题实在是难解，我们探讨了大半夜，虽然没怎么睡，但现在我的脑袋还在转动，精神可好了。我想，景润今后一定会有出息的，你瞧他对数学的这份痴迷劲儿，我就喜欢这样的学生。"

确实如陆宗授老师所言，多年后，陈景润在工作中始终刻苦攻坚、坚持不懈，终于在数学研究领域里取得了突出的成就。只可惜陆老师没有等到这一天，倘若他地下有知，一定会为自己的学生所获得的成就感到欣慰的。

第十六章

全面发展不偏科

从初一下学期开始，陈景润学习更加努力。至今让老三明人津津乐道的，还有陈景润小时在阳巷一边挑水一边读英语的故事。

由于陈景润家住的李天纯大厝附近缺水，每天晚上放学，陈景润和兄弟姐妹都要穿过长长的阳巷，到"清泉古井"打水。那时候，由于个头小力气小，陈景润挑着没装满水的水桶，走起路来左右晃动，水慢慢地溅出来，可他还不忘一路背着英语单词。等到家里，水桶里就只剩半桶水了。

偶尔，和兄弟姐妹一起去挑水，他还会一边舀水，一

少年陈景润

边把一些英语诗歌翻译成福州俚话版的顺口溜，逗得兄弟姐妹哈哈大笑。有时，他也会边提水，边念刚从同学那边学来的三明民谣：

一鼎豆腐三担水，
别人去倒他爬起，
个年够尾无时歇，
等讨发财去做鬼。[1]

阳巷卖豆腐的街坊一听，也被逗得前俯后仰。当然，有什么新学的童谣，陈景润也会在阳巷挑水时哼上几句，比如"月姐姐，月朋朋""屎坑仙，尾长长""红蚂蚁，扛红绳"等，让阳巷一路的街坊都感到很亲切。只有这时，陈景润才表现出活跃的一面。

在不懈努力下，陈景润的成绩开始有了很大进步，尤其是数学和英语，显得尤为突出。从三明市档案馆里珍藏的"三元县立初级中学三十三年度下学期学生成绩

---

[1] 选自邓衍森编写的《三元方言志》。大意为：磨了一大鼎的豆腐，总共用了三担水；夜深了，别人都去睡了，他却得爬起来干活儿；一年到头，就没有一天休息的日子；可是，做豆腐利润薄，等到死也发不了财。

一览表"中可以看出，陈景润初一下学期的成绩分别为：公民89分，国文64.8分，英文88.7分，算学95分，历史68.4分，地理84分，动物83分，植物75.6分，图画75分，劳作70分，音乐74分，童军87.5分，体育67分，平均分数为78.7分。其中英文全班第一，算学（即数学）全

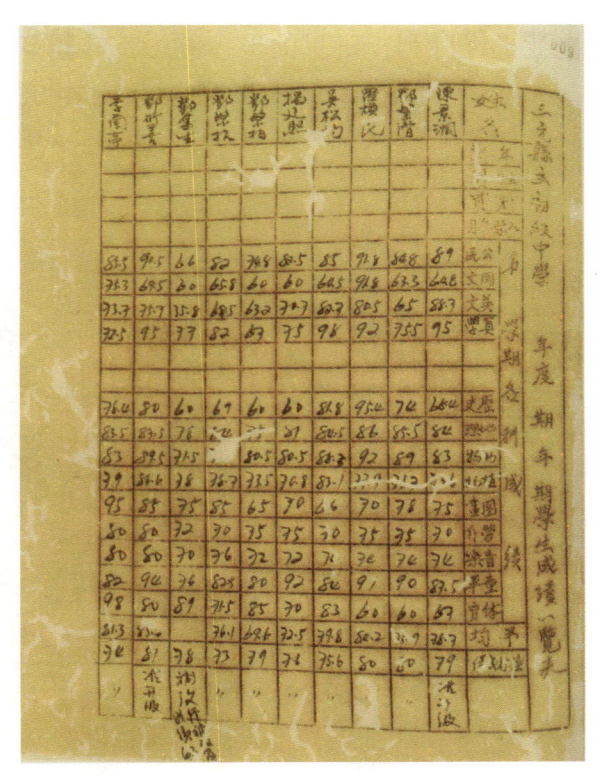

陈景润初一下学期各学科成绩
（三明市档案馆提供）

少年陈景润

班第二，总分位列班级前茅。

那时，不擅长与人交流的陈景润也许是刚来三明没多久，言语交流不是很顺畅，他除了和同桌邓铨繁关系比较好，交流的同学并不多。在学校的时候，不管是上课下课，他总是喜欢闷着头看书，一副书呆子的样子。

1946年2月，陈景润升学至初二上学期。当时，由于抗战已经胜利，班里的很多同学都转走了，这也让陈景润感到有些忧心，毕竟他也是临时插班生，说不定哪天就得回福州了。

全面发展不偏科 / 孙瑶（三明市陈景润实验小学五年级学生）

一天，班里的语文课忽然换了一位新老师，叫李镇苓，也是一年后三元县中的校长。李镇苓老师一改之前语文老师上课大谈救亡图存之风气，而是切合实际地教授语言文字和文学创作，这让原本不喜欢语文的陈景润眼前一亮，封闭的心似乎打开了一扇窗。一次作文课上，李镇苓老师说："作文写作要'有感而发'，不要'为文而作'，无病呻吟，只有拥抱生活，才能触动心灵，才能流露真情。今天，我们班的罗焕民同学的作文，写出了自己内心的真实独白，是真性情之流露，我给它打了 100 分。现在，我来读一遍给大家听……"

教室里一下子安静了，只有李镇苓老师激昂的朗读声，如潺潺流水在歌唱。陈景润听得如痴如醉，直到李镇苓老师读完了，全班同学发出热烈的掌声，他才缓过神来。这时，他已经下定了学好语文的决心。

那时，班里成绩最好的，当属罗焕民和邓繁福两位。罗焕民是本地人，科科成绩优异，又是班干部，这让陈景润很敬畏。邓繁福的数学也很好，有时陈景润也会和他探讨探讨。但邓铨繁就不一样了，他是全班读书最努力的学生，但成绩一直不是很好。他的数学和英文比较差，自从老师安排他与陈景润同桌，他就更加勤学好问，一有不懂的题目，就向陈景润请教。而陈景润都会耐心地为他解答，直到他完全理解为止。有一次，隔壁桌成绩不是很好的邓孝干偷偷告诉陈景润："邓铨繁一个月要烧掉四五斤煤油，他的成绩是苦读出来的。"这话让陈景润感到震撼了，他发现邓铨繁在学习上跟他多么相似啊！

就这样，陈景润和邓铨繁这两个积极上进的孩子，共同用功，共同努力，也共同进步。根据三明市档案馆里珍藏的"三元县立初级中学三十四年度上学期学生成绩一览表"，陈景润初二上学期的成绩，已经大大提升：公民79分，国文92分，英文89分，代数99分，几何83分，化学88分，历史83分，地理85分，生理卫生82分，图画85分，劳作75分，音乐75分，童军90分，体育80分，平均84.58分，总分位居全班第一名。

从成绩单上可以看出，陈景润一向不喜欢的国文，这次居然考了全班第一名，李镇苓老师的影响实在功不可没。更重要的是，陈景润科科成绩优异，有力地证明了他并不是一个只会数学和英语的偏科生。成名以后，陈景润还曾在《回忆我的中学时代》一文中调侃自己："成绩是画笔，勾画出我当时是一个活生生的孩子来。我能唱能跳，天真活泼，瞧，音乐85，体育80！当时我衣衫素净惹人爱，生理卫生 82 嘛！我几十年死死抱住的'金娃娃'——数学，确是夙有姻缘，代数 99 呀！分数最低的是劳作，我那时一双小手可不巧。"虽然陈景润对音乐成绩的表述可能有误，但其文字里行间充满戏谑，足以说明陈景润是一个很有幽默感的人。

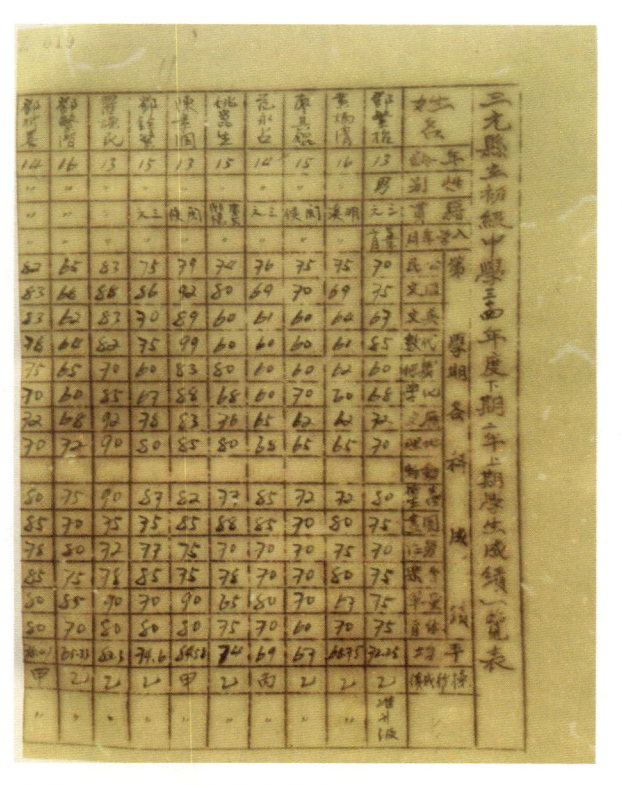

陈景润初二上学期各学科成绩
（三明市档案馆提供）

少年陈景润

当年，三元县中便把陈景润、罗焕民、邓繁福这三位学业成绩在80分以上操行及体育成绩列乙等以上的学生，作为"优等生"上报给了福建省教育厅，又汇报给教育部。而邓铨繁也进步了，成了"中等生"第三名。

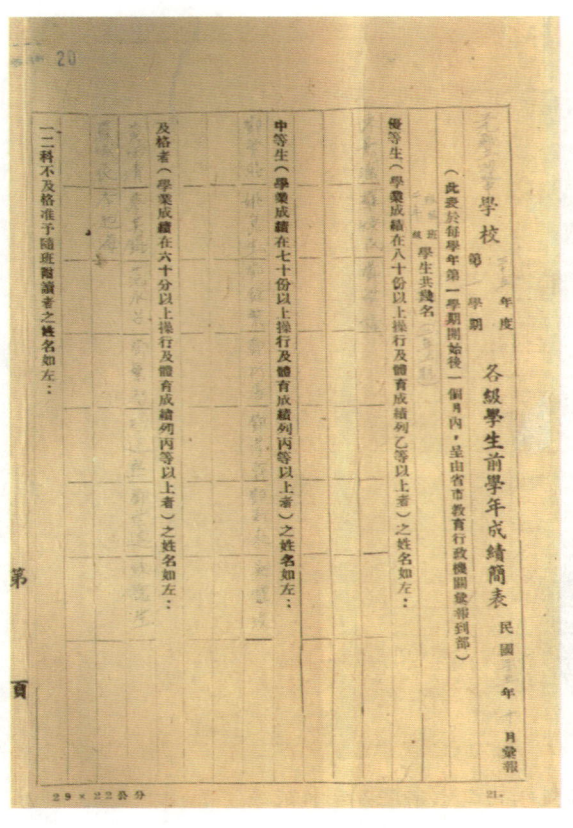

陈景润的优等生证明（三明市档案馆提供）

1947年1月,陈景润在三元县完成了初二课程,期末考试虽然整体不是很理想,但总分数依然排在全班第二名。在三明市档案馆里珍藏的"三元县立初级中学三十五年度二年下期学生成绩一览表"中,依然记录着陈景润"卅五年下期转学"的信息。

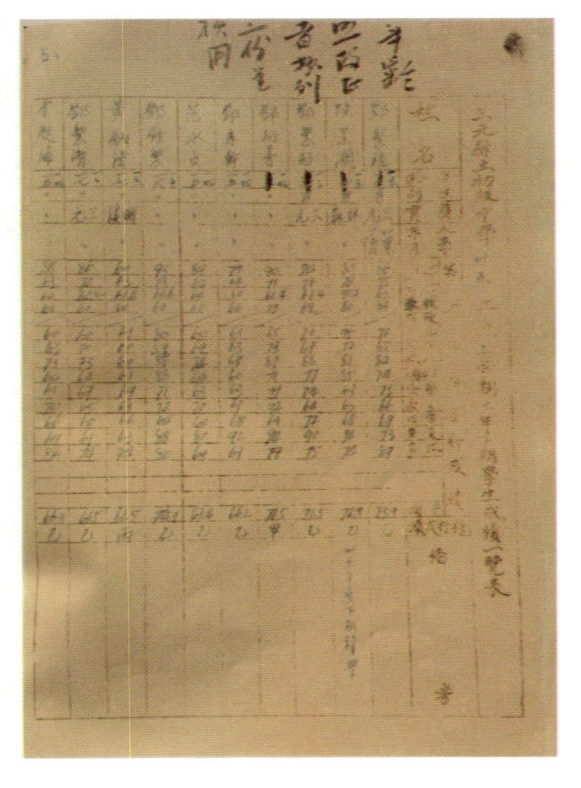

陈景润初二下学期成绩单,成绩单下面注明:卅五年度下期转学(三明市档案馆提供)

从 1943 年 12 月来到三元县，到 1947 年 1 月返回福州。在这个美丽幽静的山城里，陈景润待了三年多的时光。这里滋养了他积极求学的品性，熏染了他刻苦钻研的情操，正是山城这个富有人文气息的地方，培养了他过硬的基本功，为他日后攀登数学高峰奠定了牢固的基础。当陈元俊一家人整装再次踏上回福州的路时，陈景润一望三回头，无奈地挥手作别，泪水打湿眼眶。三元县这块土地对他的养育之情，三元县倾心教育的师长对他的培育之恩，三元县那些如亲人般的乡亲对他的关爱之意，如同一颗颗即将萌发的爱的种子，已经牢牢地根植在他的心底。

第十七章

返乡辗转回三一

1947年1月,陈元俊带领一家人回到了不再饱受战乱侵扰的福州仓山区。仓山区原属于闽侯县管辖,1944年10月10日,为纪念辛亥革命元老、国民政府主席林森,当时的国民政府决定将闽侯县改称林森县,直到1950年4月19日,林森县才复名闽侯县。

回到仓山区后,陈景润一家的生活更加窘迫。之前,为了节省家庭开支,上完初中的大哥陈景桐、大姐陈瑞珍都已经辍学,陈景润的两个妹妹陈景星和陈景馨尚未到上学年龄,只剩陈景润和陈景光的上学问题需要解决。但是,迫于生活压力,父亲陈元俊原本也计划让陈景润辍学,然后去学点手艺，谋求生存。

陈景润听到这个消息，伤心了一段时间，那一年的春节，他都是迷迷糊糊地过来的。待到过完年，他终于鼓起勇气，对陈元俊说："阿爹，你还是让我上学，今后我每天只吃一顿饭就好了，课余时间，我也可以帮忙家里干活儿。"

说完，陈景润期待地看着陈元俊，眼里全是泪花。

看着陈景润眼中的泪花，陈元俊的心一下子就软了下来。他想，孩子这么想上学，再苦再难，也要让孩子上啊！可是，抗战才结束没多久，家里也没有什么收入，他该怎么办呢？"阿爹再想想办法吧！"陈元俊答应了陈景润，可心里并没有多大的把握。

有一天，陈元俊到邮局上班，听同事们议论起一家刚创办不久的学校，叫林森县立初级商业职业学校（现为福州七中），听说也有初中部，学费也不贵。1946年2月13日，陈元俊便匆忙为陈景润报了名，并回家把报名缴费的收据递给了陈景润。当见到这张收据的时候，陈景润直接就哭出声来。

可是，兴奋没多久，陈元俊就发现，林森县立初级商业职业学校建在福州北门外岭下，离他们住的仓山区还有一段很长的距离。这样，小小的陈景润每天如何赶到学校呢？这下，陈元俊又犯难了。

眼看上学的日期一天一天近了，陈元俊备感无奈，其实，他心中并不是没有答案。仓山区最好的学校，不就是陈景润小学时上的那所学校——福州私立三一中学吗？虽然这所学校的学费有些贵，但学校不仅离家近，教育设施

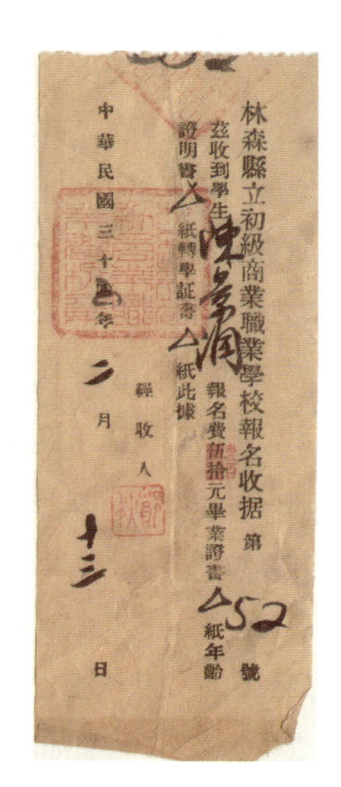

陈元俊怕陈景润无学可上，即向林森县立初级商业职业学校（现为福州七中）缴费报名

也比林森县立初级商业职业学校好啊!

　　思想的斗争,让陈元俊精神恍惚,他都无心工作了。"既然想让孩子继续念书,那就找一所好一些的学校,让孩子继续上学吧!"一天下午,陈元俊终于下定决心,走进了福州私立三一中学(现为福州外国语学校),敲开了时任校长陈中新的办公室的门。

　　"陈校长,你好!我叫陈元俊,我为犬子上学而来!"

　　"既是上学,即去报名,何必前来找我?"陈中新校长淡淡地回应道。

　　"战争伊始,福州几度生灵涂炭,为了躲避战乱,举家迁到三元县。如今,战局稳定,几年在外的奔波劳碌让我更加思念故土,才再度迁回,只是犬子就学问题,不容耽搁!"

　　"福州学校众多,为何独选我三一中学?"

　　"唉!"陈元俊叹了口气,娓娓道来,"犬子陈景润离开仓山之际,便是三一小学学生,如今刚过战乱,家中并无经济来源,但犬子读书心切,我也只好尽力而为……"说完,陈元俊的眼眶湿润了,虽说他只是一个二等邮局的局长,但他从未求过人,唯独陈景润读书的问题,让他一直坐立不安,心里如同有一块沉重的石头压着。

福州私立三一中学旧址
（福建省档案馆提供）

陈景润为母校福州外国语学校
（原福州私立三一中学）题词

  一位伟大的父亲，在无边的父爱中，为了孩子就学问题自己拉下了面子，这让陈中新校长深受感动。他从座位上站起来，说："抱歉，陈先生，请坐，请原谅我刚才的无礼。三一中学不是一所说来即来的学校，国难当头，当以培养国之栋梁为己任。"陈中新神情激昂，继续说道："战乱开始，三一中学也惨遭破坏，一度辗转古田县（现为宁德市管辖）、崇安县（现为武夷山市）。1945年抗战胜利后，才陆续迁回仓山原址，目前高中部尚未迁回。

国贫积弱，备受欺凌，方知唯人才以兴国！梁启超说'少年智则国智，少年富则国富，少年强则国强，少年独立则国独立，少年自由则国自由，少年进步则国进步……'经过战乱洗礼，三一中学才更坚定，必以培养如是少年为己任！"

陈元俊听着陈中新校长的慷慨陈词，顿觉心中敞亮，他似乎看到了一道光，正穿过重重乌云，射向大地。"有如此多仁人志士，不久的将来，国家一定会迎来重生的。"陈元俊心里想着，他觉得，这次来找陈中新校长，算是找对了。

见陈元俊在一旁沉默，陈中新校长发觉自己过于激动了，于是走到陈元俊的身边，握住他的手，微笑着说道："陈先生，让孩子回来吧。"

陈元俊也紧紧地握着陈中新校长的手，连说："谢谢！谢谢！"

2月底的福州仓山，热闹的年味刚刚结束，阳光明媚，正是一年踏青的好时节，陈景润终于迎来自己的初三生涯，他回到了三一中学继续上学。在奔波流转的生活中，正是那股奋进的力量，让陈景润无比坚定地坚持着："我要读书！我要读书！"

第十八章

永别慈母泪别妹

1947年1月，陈元俊举家迁回福州，路途的奔波，让原本就疾病缠身的潘玉婵肺结核再次加重，她每日咳个不停，几乎下不了床。

自从再次踏入三一中学的校门，陈景润兑现了对父亲的诺言。他白天上学，晚上回来不仅要照顾病重的母亲，还要一边帮忙照看弟弟妹妹，一边与大表姐忙家务。直到一切都安排妥当，陈景润才有时间来完成老师布置的作业。这样的日子过得虽然匆忙，然而备感充实。

时间过得飞快，陈景润的初三生涯即将结束。12月的福州还未进入寒冬，清早的天气中虽有一丝丝凉意，但并不显得寒冷。12月3日凌晨,陈景润早早起来,却听到一阵接一阵的咳嗽声。"看来,母亲的病情又加重了!"陈景润想着,就朝母亲的床前走去,看到父亲陈元俊坐在床上,用手扶着母亲潘玉婵,大表姐、哥哥陈景桐、姐姐陈瑞珍都站在一旁抹泪。陈景润凑了上去,见母亲已全身乏力,每咳一声,都似乎耗尽了她的体力。她微闭着眼睛,干裂的嘴唇轻轻嚅动。

"我看,我是熬不过今天了……"潘玉婵尚未说完,就又咳了起来。

陈元俊轻轻地拍着潘玉婵,眼眶深陷,神情凝重,强挤出一丝笑容,安慰道:"你就安心吧,不会有事的,孩子们都这么乖,有他们照料,你很快就会好起来的。"

潘玉婵无力地摆摆手,咳一会儿,停一会儿,她似乎在积蓄一股力量,许久之后,她终于不咳了,然后微张眼睛,把身边的人一个一个看了遍,最后目光停留在陈元俊身上,然后开口说:"我说,元俊啊,如果今天我真走了,有两件事情放心不下。一是九哥体弱多病,承受不了重活儿,从小不善交际,你要让他尽可能地上学读书,他,只有好好读书才是最好的出路;二是陈景星和陈景馨姐妹俩年纪尚小,我要去了,谁来照顾她们俩……"

话未说完，潘玉婵再次咳了起来，这一次，她直接耗尽了最后的体力，永久地闭上了双眼。当时是 1947 年 12 月 3 日，农历的十月廿一日晨七时。

孩子们一下子放开了喉咙，号啕大哭起来。

全家人沉浸在悲痛的情绪中，哭声把陈景光、陈景星、陈景馨都吵醒了，当他们见到母亲僵硬地躺在床上时，也不由得恸哭起来。

12 月底的一天傍晚，陈元俊把大表姐叫到跟前，问道："大表姐啊，之前委托你到老家找一户好人家，不知道你问到了吗？"

"叔，我真的找到一户人家，夫妻只生了儿子，两人很想有个女儿，只是年纪大了。我上次去问他们，可把夫妻俩乐坏了，一直托信来问何时能把小孩送去。"大表姐说道。

"那就好，那就好！"陈元俊有些伤感，有些无奈，"只是景星已经到了适学年龄，现在家里捉襟见肘，可不能误了孩子啊。你婶婶又刚过世，你一个人照顾景馨已很紧张，如何有空……"

"叔，我知道！我相信那户人家会照顾好景星的，你就放心吧！"

"唉——"陈元俊深深地叹着气。这一刻,空气似乎也凝滞了。良久,他才缓缓地说道:"大表姐,你现在就收拾一下,即刻出发。"

"啊?现在?"大表姐惊讶地看着陈元俊。

"是啊,要快些,快些,我怕,我怕我待会儿会改变主意……"

于是,大表姐开始忙乎起来,她收拾好衣服,便哄着景星,说到乡下去玩一段时间,便把景星哄走了。

陈元俊怔怔地看着孩子离开的背影,许久,眼睛都没眨一下。

此时,放学归来的陈景润,正撞着大表姐带着妹妹景星离开,连忙问父亲:"阿爹,大表姐要带妹妹去哪儿?"

陈景润连问两遍,发现父亲都没回应,于是,他上前继续大声问道:"阿爹,怎么啦?"

只见陈元俊的两行热泪马上滚了下来,他第一次哭出声来:"你妹妹景星……走了……"

陈景润书包都来不及放,就冲出了家门。他一路奔跑,一路呼喊"景星"的名字,却寻不回妹妹的影子了。

1948年1月,在失母辞妹的悲痛情绪中,陈景润顽强地完成了学业,并获得了福州私立三一中学的初中毕业证书。1954年,成家后的大姐陈瑞珍和继母林秀清,辗转找到了大表姐,终于把妹妹陈景星从乡下寻回,一家人才得以团圆。

多年后,重返福州的陈景润在翻阅家中杂物时,发现了母亲的一张遗照。在旅途中,他在这张照片的背后,写

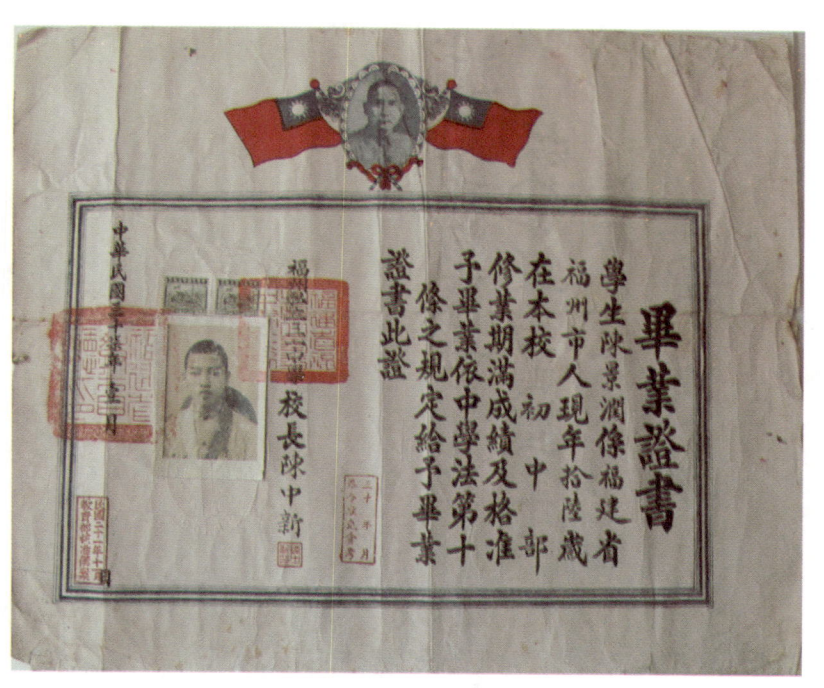

陈景润初中毕业证书(福州市博物馆提供)

少年陈景润

了这样一行字:"这是我的慈母,故于中华民国卅六年,阴历十月廿一日晨七时。亭头邮局旅次。"他把记忆写在照片后面,却把悲痛永久地刻在心中。

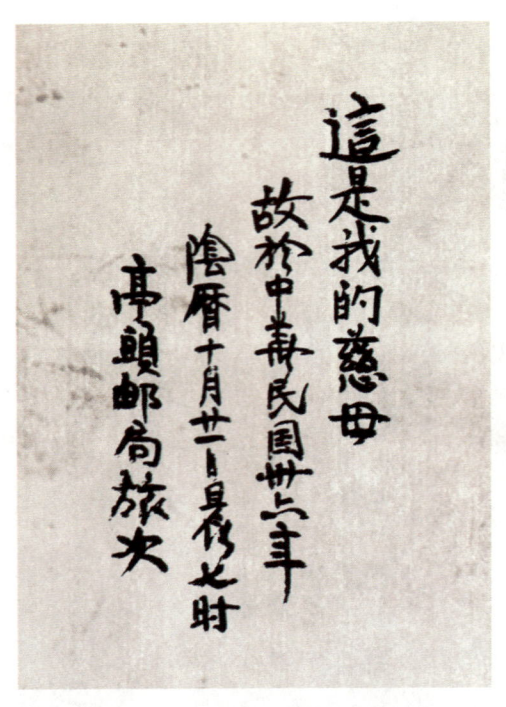

陈景润写于母亲照片背后、纪念其母亲逝世的文字(福州市博物馆提供)

第十九章

机缘巧合上英华

从三一中学毕业后的陈景润，上学的问题再次难住了陈元俊。虽说从抗日战争胜利伊始，福州私立三一中学逐步回迁，但直到1948年年初陈景润初中毕业，三一中学的高中部还留在古田县。

古田县位于福州的西北方，古属福州管辖，现为宁德市下辖县，离福州仓山区约100公里远。如果陈景润想继续在三一中学上高中，就得每日远赴古田县，这确实不切实际。如果要就近入学，那么仓山区还有两所教会学校，一所是福州格致中学，一所是福州鹤龄英华中学（以下简称"英华中学"）。

英华中学（今为福建师范大学附属中学），创办于1881年，是一所享有盛誉的教会学校，因民主求实的良好学风而闻名于世。当时，英华中学入学前要进行统一考试，但录取并不完全以分数为标准，既然是一所教会学校，校门应该是向有钱人家的子弟敞开的。这是很多人的想法。

陈元俊当时的家庭重担并未缓解，自然不会考虑英华中学：一是他对陈景润能否顺利通过各科考试没有把握，二是迫于经济压力。陈元俊把目光瞄准了福州格致中学，这所始建于1847年7月的福建省最早的中等学校，虽然学

英华中学高中部旧址（福建师范大学附属中学提供）

校位于福州于山北麓，离仓山也有近 10 公里距离，但总比还未迁回的三一中学近些。

1948 年 1 月底，陈元俊再次为了陈景润的就学问题，找到了胪雷老家的一位阔亲戚——陈绍宽，当时正在国民政府海军部担任部长。在陈元俊的恳求下，陈绍宽特地给福州格致中学的校长写了一封亲笔信，推荐陈景润去格致中学入学。拿到亲笔信的陈元俊，一路兴奋地赶回仓山家中，将信稳妥地交给陈景润，然后交代说："一定要亲自交给校长，如果弄丢了，你就没书可以读了。"

陈景润小心翼翼地接过信，他理解，这薄薄的几张纸，究竟承载着多大的分量。

自从回到三一中学后，每逢上学途中，他都要经过福州英华中学，再从英华中学古旧的校门往里望，目光久久停留在图书馆上。

"要是三一中学也有这么大的图书馆就好了！"陈景润常常喃喃自语，他知道，英华中学有大图书馆，里面肯定有非常多的藏书，"做英华中学的学生真幸福！"每次，他都要羡慕很久才离去。

这天一大早，陈景润把信收好，准备赶往福州格致中学给校长送推荐信。途中，他再次经过英华中学。当他又

少年陈景润

一次见到英华中学古朴的校门时，当他再次羡慕英华中学的大图书馆时，不舍中，冥冥中，他走进了英华中学的校门，走进了时任英华中学陈芝美校长的办公室，然后勇敢地敲了敲门。

陈芝美，1896年生，古田县人，也曾就读于英华中学，1928年成为英华中学首任华人校长。办学中，陈芝美崇尚资产阶级自由民主的思想，提出"尔乃世之光"的校训；他兼收并蓄，汇集了一批学识渊博、学风严谨、爱护学生、诲人不倦的优秀教师；招收学生时，他在水平相当的情况下，虽然优先录用基督徒，但也接纳持不同信仰的人才。

当陈景润瘦小的身体站立在陈芝美办公室的门口时，陈芝美吓了一跳，他不知道，这个又黑又瘦的小男孩找他做什么，于是疑惑地问道："你是？"

"我叫陈景润，我想来英华中学上学！"当陈景润拿出陈绍宽的亲笔推荐信的时候，连自己都怔住了："阿爹不是让我找格致中学校长吗？我怎么跑到英华中学来了？我会不会把自己搞砸了？我该怎么办？"一连串的问号在陈景润的脑袋里乱窜，他无所适从，只好听天由命了。

陈芝美接过了推荐信，看了良久，然后笑了笑，指着推荐信对陈景润说："你不知道陈绍宽部长给你推荐的学校是格致中学，不是英华中学？"

"我知道。"陈景润怯怯地答道，"可是，我更想来英华中学。"

"为什么呢？"陈芝美更加疑惑了。

"因为英华中学有很大的图书馆！"

"哈哈哈！"陈景润这一句坚定的回答，直接把陈芝美逗笑了。良久，陈芝美才仔细地端量起眼前这个瘦小的男孩：陈旧却整洁的衣衫，衣服宽松得显然裹不紧他瘦小

误送推荐信 / 林宇辰（三明市陈景润实验小学六年级学生）

第十九章　机缘巧合上英华

少年陈景润

的身体，脸蛋瘦小，颧骨微凸，但眼神中折射出一种坚毅。陈芝美只能从信中依稀了解陈景润的来由，却不知道这个孩子到底有何来历，因此，他并没有马上做出答复，而是让陈景润先坐一会儿，之后马上联系了陈景润就读过的学校，了解并确认了陈景润在初中和小学的学习表现和成绩后，便和蔼地来到陈景润的身边，亲切地握住陈景润的手，坚定地说："恭喜你，陈景润同学，你被英华中学录取了！"

"真的？"那一刻，陈景润兴奋得几乎要跳起来，他道了声"谢谢"，便一路往家里奔去，幸福来得太突然了，他需要把这份幸福和全家人一起分享。

第二十章

英华公认陈布克

1948年2月,陈景润入学英华中学,依然是以"春季班"学生的身份。不久,陈景润这个来自贫困家庭的瘦弱孩子,虽然因痴迷读书受到师生的关注,但也因衣衫陈旧、身材瘦小而被同学们嘲笑、欺负。在那些穿着华丽、趾高气扬的官家子弟和富商少爷的同学当中,他显得有些失落无助。所有这些,他从不告诉家人,而是自己默默地承受。原本就胆小怕事的他,逐渐变得更加沉默内向了。但在学校里,陈景润找到了他想要去的地方,那便是图书馆。只要一踏进图书馆,他就感到自己成了世界上最幸福的人。

也许正是从这个时候开始,陈景润开始迷上了图书馆。

少年陈景润

为此还闹过好多笑话，比如他有时看书看得太入迷了，忘了图书馆的关门时间，常常被图书馆管理员关在里面。待缓过神来，他才发现整个图书馆只剩他一个人了，他既不喊，也不闹，继续看书，累了就躺地上睡着了，把第二天来开门的图书馆管理员吓出一身冷汗。

当时，英华中学的图书馆开放时间较短。不能满足于

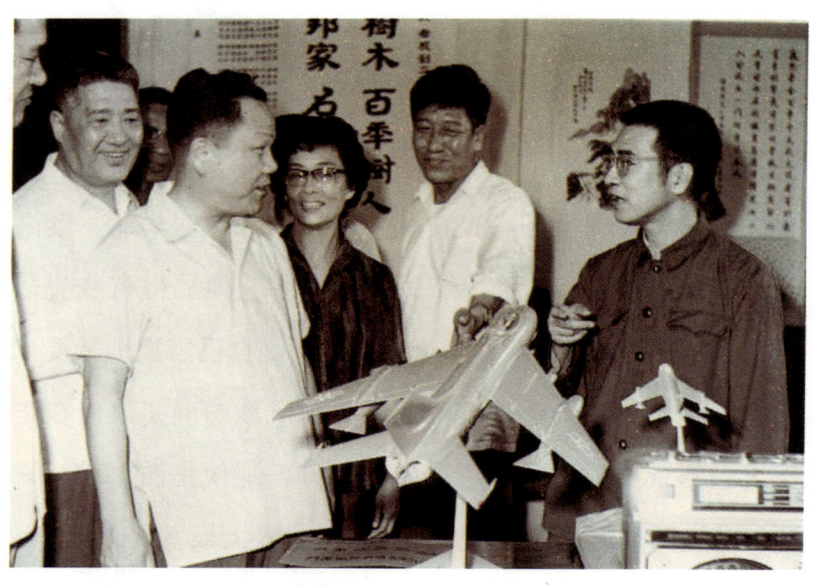

1981年，沈元（左二）、陈景润（右一）等校友返母校福建师大附中（原英华中学）参加100周年校庆

课本知识的陈景润，只好从图书馆借出许多书，带到教室里阅读。他借出的图书连自己也数不清，其中最多的是数学书，甚至包含有《微积分学》《高等代数引论》等高中生难以解读的数学巨著。他常常拿着这些书，一遍又一遍地演算书里的数学题，对于一时弄不懂的题目，他一定要查根究底，把题目弄明白。有的书他还借了不止一次，可见，他是真正把书读进去了，而且读得很深、吃得很透。至今，在福建师范大学附属中学（即原来的英华中学）学校图书馆里，还珍藏着陈景润上学时的借书卡。

　　读书便有一种专注、认真的状态，这就是陈景润。少年时的陈景润早早就养成了自己独特的学习方法。他不在乎别人如何看他，不关心一切与他的学习无关的事，而是将全部精力放在学习上。尽管同学们依然喜欢嘲笑陈景润，但每逢考试，陈景润的成绩让同学们刮目相看，尤其是数学和英语，每次他的成绩基本上都位列全班第一名。逐渐地，勤奋好学的陈景润慢慢地用自己丰富的学识，赢得了同学们的认可与尊重。

　　一天，陈景润飞奔回家，一进门就找大姐陈瑞珍。

　　"姐，你知道吗？我的同学都叫我陈布克，就是英文单词B-O-O-K-E-R。你还记得我们初中时学的B-O-O-K是什么

少年陈景润

意思吗？"

"BOOK？是不是书啊？"陈瑞珍笑着说。

"是啊，那后面加上 ER 呢？"陈景润的嗓门变得更高了。

还在厨房里忙着家务的陈瑞珍看到弟弟难得的高兴样子，故意打趣地反问道："哦！我不知道啊，有这个词吗？"

"哈哈，姐姐，课本中没有这个词，我们可以创造嘛！你知道吗？同学们都管我叫陈 BOOKER！"

看见平时沉默寡言的弟弟兴高采烈、神采奕奕的样子，陈瑞珍也笑了起来："这是为什么呢？"

陈景润赶紧搬了个小凳子，坐在陈瑞珍的旁边，一边看着陈瑞珍忙家务，一边开心地讲起今天发生在学校的事情。

"下课后，我在教室里做数学题，班上一位同学走过来问我一道化学题。我立即给他写了一个公式，并且告诉他在书上的某一页有类似的例题。这位同学半信半疑地打开课本，果然在我说的那一页找到了公式和例题。看我能一页不差地指出书中的例题，这位同学很不服气。他从书包拿出数学书，并叫来几个同学想考考我。没想到，我一字不漏地背出数学课本中的每一道题。这时围拢过来许多同学，大家异口同声地叫我陈布克，意思就是说，我是一个可以当书用的人。"说罢，陈景润神气地望着陈瑞珍，还不时地摇晃着小脑袋。

看着陈景润可爱的样子，陈瑞珍也由衷地感到高兴。她知道，母亲走后，弟弟陈景润已经很久没有笑过了。

"好啊！我的景润弟弟已经成为对社会有用的人了，能当作人们的书用了。"陈瑞珍高兴地拍着陈景润的肩

英华公认陈布克／叶霖（三明市陈景润实验小学六年级学生）

膀说。

"那不行，那不行，还是要多学习，多学习！"陈景润腼腆地说，他本想得到姐姐的表扬，没想到姐姐果真表扬了他，他却不好意思地涨红了脸。

说罢，陈景润赶紧回到自己的房间做起了作业。

望着陈景润消失的背影，陈瑞珍也欣喜地笑了。

此后，英华中学里，大家都喊陈景润为"陈布克"，而非"书呆子"。陈景润"把书读得滚瓜烂熟、倒背如流"的勤奋好学的态度，赢得了越来越多人的尊敬，也得到了许多授课老师的关注和喜爱。

第二十一章

小小油灯显亲情

从1931年"九一八事变"后,日军点燃了侵华战火,到1945年8月15日日本天皇宣布无条件投降,长达十四年的抗战,中国军民死伤不计其数,成千上万的人家破人亡、妻离子散、背井离乡。日军犯下的累累罪行罄竹难书,饱受战乱之苦的中国人民,更加渴望和平。然而,1946年6月,日本投降不到一年,蒋介石在进行完军事部署后,认为发动内战的时机已经成熟,即单方面公开撕毁《双十协议》和"政协决议"。6月26日,以大举进攻中原解放区为起点,内战全面爆发。

当年在福州,许多家庭饱受战乱之苦,每当夜幕降临,

少年陈景润

照明都成了问题。有些人便从山上砍来竹子,劈成薄薄的一片,大约一米多长,晒干后制作竹篾片。到了晚上就把这些竹篾片插在土墙缝里,点上火照明,当一根竹篾片快燃尽时就换上另一根。日子久了,家里的墙上总能看到一些未燃尽的竹篾头,旁边还有被烟火熏烤的黑色痕迹。

陈元俊家里也弄了一些这样的竹篾片,但只要是孩子学习的时候,他都要求孩子们点上"奢侈"的煤油灯,以便让孩子们能看清书本,提高学习效率。虽然煤油的开支

陈景润及其父亲陈元俊的部分藏书

不是小数目，但陈元俊宁可不添置衣服、省吃俭用，也决不俭省这笔花销。

陈家使用的煤油灯是简易自制的煤油灯，制作方法很简单：找一个空墨水瓶，把一小块薄铁皮砸成直径约半厘米的圆筒作为灯杆，穿上棉线灯芯，用剪刀剪一个圆形铁片作为灯盖，在灯盖的中间凿出一个洞，使灯杆嵌入灯盖稳定住，再将瓶里灌入廉价的煤油，一盏能够照亮的煤油灯就做好了。

但这样的煤油灯的灯光昏暗，常常只能照亮一张桌子那么大的一块地方，要想看清楚书上的字，非得凑到很近的距离不可。哪怕是这么一点点的光，也能照亮陈家孩子学习的路。

每当夜幕降临，陈景润和兄弟姐妹们便围着一张饭桌做功课：辍学在家的大哥陈景桐也在努力复习功课，他准备考大学；大姐陈瑞珍也没闲着，她则忙着温习一些医学类的书；弟弟陈景光已经上初中了，功课作业也不能落下；妹妹陈景馨虽然尚未上学，但是每次看着哥哥姐姐们看书做作业，她也会拿起看不懂的书本，凑在其中装模作样……为了省点油，他们将灯光调得很暗，这一点忽明忽暗的光，照着桌子上的那一本本课本、一张张作业纸，照着他们一

少年陈景润

张张瘦小但认真的脸。

每次围坐煤油灯前，陈景润总是把头埋得最低，有时候看得忘我，就把脑袋往灯的位置靠，有时连灯火燎着头发也不知道，常常是兄弟姐妹们发现了，陈景润才拍拍自己的脑袋，随便擦擦脸上的灰，将脑袋移开一点，继续沉浸在知识的世界里。

最调皮的当属妹妹陈景馨。虽然她还没上学，但是她也要和哥哥姐姐们争一份光，因为她年龄小，身体也小，腿短手短，离油灯的距离就远得多，于是，常常爬上桌子，

小小油灯显亲情 / 张伊琪（三明市陈景润实验小学六年级学生）

把煤油灯从桌子中间往自己的身边挪,弄得正在学习的哥哥姐姐们哭笑不得。

有一次,陈景润正沉浸在解题中,忽然发现灯光一下子就暗了,他知道一定又是妹妹陈景馨在捣蛋了,就大声喊道:"阿妹,你又抢煤油灯!"

"我看不清嘛。"见哥哥陈景润这么大声地对自己吼,陈景馨气得直哭。

"那也不行,油灯放中间,你都拿过去了,哥哥姐姐们怎么看书?"见陈景润毫不让步,陈景馨哭得更厉害了。

陈景桐、陈瑞珍、陈景光都跑来安慰妹妹,听到哭声的陈元俊也走了过来,了解了情况后,他先摸摸陈景润的头说:"九哥啊,你是哥哥,要让着妹妹一点。妹妹年纪小,你要体谅她呀。"说完,他又摸了摸陈景馨的头说:"你也不能因为自己年纪小就任性,要记得,在家里要尊敬长兄长姐,你要看书是很重要,可哥哥姐姐们的功课也很重要啊。"

见孩子们都埋着头不说话了,陈元俊继续对着大家语重心长地说:"如今,战争恐怕不是一时半会儿能结束的,许多家庭都失去了光明,我们家至少还能点上一盏煤油灯。这盏灯灯光虽弱,依然能照出一片光明,大家更应该珍惜啊！以后呢，你们尽量靠紧一点儿坐，这样就都能看见了。"

孩子们应了一声，便继续开始各自的学习了。

从此，妹妹陈景馨再也不捣蛋了，每天晚上，孩子们就这么紧紧地围着微弱的煤油灯，坚持着自己求学的信念。1948年9月，大哥陈景桐终于如愿以偿，考上了私立福建学院政法系（1951年并入厦门大学），成了陈家的第一个大学生，也给陈景润的学习带来了更大的动力。

第二十二章

首谈猜想成梦想

就读于英华中学期间,陈景润又遇到了不少好老师,他们在陈景润的学习过程中给予了他很大帮助。

喜欢讲故事的何老师,常常利用课堂上短暂的休息时间,给同学们讲数学故事:数学不仅仅是一些枯燥的演算,在历代数学家的研究中,产生了许许多多有趣的故事。他说:"用比喻的手法来把数学介绍给不理解数学的人,是数学研究中的一大乐趣,娱乐之余还能让人了解数学,何乐而不为呢?"

陈老师也是陈景润在英华中学的一位数学任课老师,在遇到陈老师之前,陈景润已经把图书馆里关于数学的一

少年陈景润

陈景润的恩师沈元

些书都看了，他只好向家有藏书的陈老师借阅大量的图书，满足自己的求知欲。书中若是碰到解决不了的数学题，陈景润则会紧紧地缠着陈老师打破砂锅问到底。

此时的陈景润，正一门心思痴迷于他的数学王国，对"哥德巴赫猜想"并没有任何概念。而让陈景润真正接触"哥德巴赫猜想"的，是英华中学刚来的一位特殊老师——沈元。

沈元1916年出生于福州，是地地道道的福州人。他毕业于英华中学，1936年考入清华大学，后来又留学英国，回国后在清华大学航空系任职。

1944年夏天，沈元回福州奔丧。因战争导致南北交通中断，他无法赶回北京，滞留在福州。福州地区的一些大学知道沈元回来了，纷纷邀请他去学校上课，沈元都一一拒绝了。然而，当英华中学的校长热情邀请沈元到英华中学教学时，沈元欣然答应了。

也是机缘巧合，沈元担任了陈景润所在班级的班主任，并负责他们班的数学、英文、政治等课程，成了陈景润日后摘取"数学皇冠上的明珠"的启蒙老师。

那是在一次数学课上，沈元给这些学生讲起了数论中的一道著名难题——哥德巴赫猜想。

哥德巴赫生于德国格奥尼斯贝尔格（现为加里宁省），他本来是学法学的，由于在访问欧洲各国期间结识了贝努利家族，对数学研究产生了浓厚的兴趣。1725年，他到俄国访学，同年被选为彼得堡科学院院士。1725年至1764年期间，哥德巴赫与著名数学家欧拉保持着长期的书信往来，许多数学方面的问题，他们就是通过书信展开讨论的。1742年，哥德巴赫写信给欧拉，提出了一个猜想，这就是著名的"哥德巴赫猜想"。

其实，"哥德巴赫猜想"是一个简单的命题。

少年陈景润

大家都知道，在小学三年级的时候，就学到了数字1、2、3……以至百千万，这些简单的数字叫正整数。在数学中研究数的规律，特别是整数的性质的科学叫数论。除了1以外，有些正整数只能被1和它本身整除，这些数叫"素数"。比如2、3、5、7、11等均为素数。另外的正整数，就是除了1和它本身以外，还能被别的正整数除尽，这种数叫"复合数"。比如：4、6、8、9、10均为复合数。所以正整数可以分为1、素数和复合数三类。凡能被2整除的正整数叫"偶数"，如2、4、6、8等，其余的1、3、5、7、9……叫奇数。这些看起来似乎十分简单的数字，包含着许多有趣而深奥的学问。

哥德巴赫用通俗的语言将自己的猜想表述为：任何一个大偶数都是两个素数之和，比如，8=3+5，20=3+17。用略为准确的语言讲就是：(1) 任何一个大于2的偶数都是两个素数之和（表示为"1+1"）；(2) 任何大于5的奇数都是三个素数之和。

欧拉表示"哥德巴赫猜想"是对的，但他无法加以证明。容易证明 (2) 是 (1) 的推论，所以 (1) 从理论上说是基本合理的。在此之后，也有许多数学家对一个又一个数进行了演算，一直演算到了数亿，但还是没有找到这个猜想是错误的论证。但如何证明这个猜想是正确的呢？这就更困难了。

1900年，德国数学家希尔伯特在国际数学会的演说中，把"哥德巴赫猜想"看成以往遗留的最重要的问题之一，并介绍给20世纪的数学家来解决，这就是希尔伯特第八问题的一部分。1912年，德国数学家朗道在国际数学会议的演说中说："要证明'哥德巴赫猜想'，我认为是现代数学家力不能及的。"1921年，英国数学家哈代在哥本哈根宣布，哥德巴赫猜想（1+1）的困难程度是可以和任何没有解决的数学问题相比的。

哥德巴赫　　　　　哥德巴赫猜想手稿

少年陈景润

沈元说："哥德巴赫只是提出了猜想，自己却不能证明它，于是就写信请教当时赫赫有名的大数学家欧拉，请他帮忙做出证明。一直到死，欧拉也不能证明。从此这成了一道难题，吸引了成千上万数学家的注意。两百多年来，多少科学家企图给这个猜想做出证明，但都没有成功。"

说到这里，教室里好像了开了锅。血气方刚的同学们，开始叽叽喳喳地议论起来。

沈元老师接着对同学们说："如果自然科学的皇后是数学，数学的皇冠是数论，'哥德巴赫猜想'则是皇冠上的明珠。"

刹那间，热闹的课堂一下安静下来，同学们惊讶地瞪大眼睛望着讲台上的沈元老师。

不一会儿，安静的课堂又沸腾起来。

"老实说，我们都知道偶数和奇数，也都知道素数和复合数，我们小学三年级就教这些了。这不是最容易的吗？"同学们质疑道。

"不，这道难题是最难的。要有谁能够做出来，不得了，不得了，那可是不得了啊！"沈元笑着说。

课堂上的同学你一言我一语地议论开了。许多同学站起来自信地说："这有什么不得了，我们来做。我们一定

数学世界真奇妙 / 汪育晖（三明市陈景润实验小学六年级学生）

第二十二章　首谈猜想成梦想

能做得出来。"

看到这场景，沈元老师笑容可掬地对同学们说："要做成一件大事是不容易的，要花费很多心血，忍受许多辛苦。如果想轻而易举地证明一道举世闻名的数学难题，那无异于想骑着自行车到月球上去。"

教室里又是一阵哄笑，这时，陈景润独自坐在教室的角落里，他没有笑，他仿佛看到一颗美丽的明珠在他眼前熠熠闪光，他想试着踮起脚尖，够不到，他跳起来也不能碰到。猛然间，他觉得沈元老师说的对。"我们一定要夯实基础，应该从脚下做起，下苦功夫打好基础，才能摘取梦想的皇冠。"

第二年，沈元回到北京继续他的工作。虽然他仅仅是陈景润生命中的一位过客，但"沈元"这个名字以及他所提及的"哥德巴赫猜想"，在这个年仅16岁的少年的心中播下了梦想的种子，让他确立了明确的奋斗目标。从此以后，陈景润更加沉默寡言，每天除了读书就是读书，除了钻研还是钻研。他似乎已经在铸造一级又一级台阶，为日后攀登数学高峰做好了充分的准备。

第二十三章

高二苦读再失学

1949年2月，陈景润以优异的成绩升入了高二。在英华中学上学期间，他依然来回于课堂与学校图书馆之间，放了学，他便背起书包回家。他沉默寡言，跟同学接触很少，偶尔碰到几个熟络的同学，讲起话来也会笑嘻嘻的。

这一年年初，国民党屡遭败绩，逃往台湾已经成为最后的退路。为了能保住福建这个屏障，蒋介石在福州增加了许多兵力。福州的局势并不安稳，但动乱的生活和嘈杂的学习环境，并没有影响英华中学继续办学，也没有影响学生的课程。

越是不安定的生活，越让陈景润备感时间的珍贵，他

少年陈景润

珍惜每分每秒，不错过任何学习的机会。他的每一天都安排得紧张有序，"早上""中午""下午""晚上"，所有时间都安排得十分妥当。

一天周末，陈景润吃午饭的时候，发现自己的头发长了，感觉应该去理一理，不然都快成女孩子了。于是，他一吃完饭，就跑到学校附近的理发店去了。

没想到，理发店里排了很多人。为了让大家有序理发，师傅给每个客人一块写着号码的小牌子。陈景润一看，自己拿的牌子是"38号"，这得等到什么时候啊？

"时间是多么宝贵啊，我可不能白白浪费掉。"陈景润心里想着，赶忙跑到学校的图书馆。他先是温习了一会儿数学，背了一会儿语文，忽然想起上午读外文的时候，有个地方没看懂。不懂的东西，就一定要把它弄懂。于是，他又去书架上查了查，终于弄清楚了，他这才高高兴兴地走出图书馆。

谁知，他刚走出图书馆，路过学校的外文阅览室，一下子又被吸引住了，于是又忘记了理发的事。等他从书中缓过神来，已经是黄昏时分。他一摸口袋，才发现那个"38号"的小牌子还好好地躺在口袋里。

尽管陈景润静心读书，无奈时局不稳。

自1949年4月下旬长江江防被解放军突破，5月下旬上海解放，国民党一败再败。许多部队在4月下旬至5月中旬的20多天中，向南狂退2000里以上，根本无心作战。此时，防守福建的国民党士兵不仅数量不足，且军心涣散，军纪废弛。1949年6月21日上午，为了坚守福建这最后一道防线，蒋介石飞抵福州，在义序机场召开临时军事会议，谈及"台湾是头颅，福建就是手足，没有福建即无以确保台湾"。

福州进入了紧急的战备状态，从6月起，大部分学校开始停课，由于教员一直领不到薪水，大部分人自谋生路去了，此时，英华中学也未能幸免。

高二刚读完一学期的陈景润，眼看又要因为战争，被迫失学了。这天，当陈景润走出英华中学的校园，走过士兵涌动的福州仓山的街道，看着昏暗的天空越来越低，他抬起头，扶了扶架在鼻梁上的近视眼镜。一丝阳光穿过阴暗的云层，从缝隙中斜射下来，正照在陈景润的眼镜上，强烈的光让陈景润眼前一下子模糊不清了，他赶紧抬起手护住眼睛，匆匆地向家的方向跑去。

这一路小跑，他感觉怎么也跑不到家……

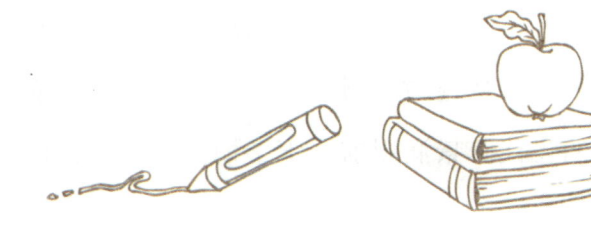

第二十四章

福州欢迎解放军

局势越来越紧张的福州，不只学校的教员，许多群众也开始迁离了。整日里，福州的街道上都是乱糟糟的。

越是这样的时刻，陈元俊的工作越是繁忙，他没日没夜地在邮局里奔忙，有时候好几天都不回家。一天，他匆忙赶回家，告诉孩子们待在家中不要出门，叮嘱完就又匆忙出去了。

1949年8月6日，福州战役正式打响，没多久，福州外围的国民党军兵败如山倒。13日解放军首战丹阳告捷，15日攻占闽安、宁头各点，16日攻占连江县城及南安、马尾、官溪，截断了国民党军的海上逃窜后路。到17日拂晓，解放军进入福州市区时，城内的大部分国民党守军已溃逃，虽也会遇到抵抗，但几声稀疏的枪响后，解放军便跨过了台江万寿桥（今解放大桥）。朱绍良、李延年见大势已去，电告蒋介石、汤恩伯求援无望，遂于凌晨赶往义序机场乘飞机逃往台湾。

8月17日凌晨5时，福州宣告解放。这一日，福州城显得相当平静，似乎并未经过一场激战。清晨时分，市民照常上街买菜，一些商铺也如时开门营业，甚至连福州市

1949年8月福州解放，群众欢迎解放军入城

原政权内被策反的警察,也做好了维持秩序、等待接收的准备。

天已蒙蒙亮了陈景润和其他孩子跑到了大街上,加入了欢迎解放军入城的队伍里。当看到穿着黄布军装、肩扛步枪、背着背包、肩上挎着子弹袋与米袋、腰间挂着手榴弹、腿上缠着绑腿的解放军战士整齐有序地走过大街时,陈景润被震撼了,他心中割舍不断的"军人情结"再次被勾起。他放下了随身携带的书,立正,然后对着解放军战士,久久地敬礼!

思绪飘到陈景润还在三一小学读书的时候,那时,老师正在给同学们上课,忽然空中传来了轰鸣声。老师还没来得及喊"卧倒",一枚炸弹就在孩子们身边爆炸了,他亲眼看见一个同学被活活炸死了。"等我长大了,我要成为一名军人,我要去保家卫国,去消灭日本鬼子!"陈景润暗暗立志。

还有,在三元县中的时候,那位年近花甲的语文老师,因目睹了日本人横行霸道、国民党却节节退让的情形而感到痛心疾首,常常对陈景润说:"中国有五千年文明史,所以你要好好读书,肩负起拯救祖国的重任。"老师每次都说得热泪盈眶,陈景润也含泪表示:"长大以后,我一

定要参军，报效祖国！"

　　时过多年，陈景润的"军人情结"并没有改变，后来他从厦门大学毕业时，恰逢抗美援朝。他便萌发了当兵的愿望，决心放下自己酷爱的数学，放弃优越的学习条件，去当一名志愿军。当时他所在的数学系只有四名毕业生，那可是宝贵的人才，因此，他的申请没被批准，终没能圆当兵梦。后来，陈景润的这一愿望由弟弟陈景光实现了。再后来，他与身为军人的由昆女士一见钟情，终于解答了自己的爱情"猜想"题，与由昆女士携手走进婚姻殿堂。作为军人家属的他，也算圆了心中的"军人梦"。

　　如今，当看到解放军战士整齐有序地从身边走过时，陈景润和其他欢迎的群众一样高举着手，一起欢呼，一起呐喊，一起喝彩。从人民军队和每个人脸上洋溢的笑容中，陈景润看到了生活的光明和学业的转机。他在心中默默地为自己祈祷，期待新生的国家能尽快给他继续上学的机会。

第二十五章

继母也是慈祥母

欢迎解放军进城的喜悦还没完全减退,才过了几天,陈景润家里又发生了一件大事。

一天中午,陈元俊带着一位年轻的女子回到家,然后把孩子们招呼到一起,大声地对他们说:"孩子们,国民党刚刚溃败,新政府正在组建,最近我真的非常繁忙,实在无暇顾及家里。所以,以后就委托林秀清来照顾你们,你们就叫她'阿妈'吧!"

"阿妈?"孩子们一听,都被父亲这突然的一番话给吓到了。

"是啊,孩子们,以后,她就是你们的母亲了。"陈元俊说完,还没等孩子们反应过来,就又匆匆地出去了。

在陈元俊说话时,林秀清始终没有开口,而是一直低着头,显得很羞涩的样子。待陈元俊走后,她才抬起了头,笑着跟大家说:"大家还没吃午饭吧?饿了吧?那我先去做饭了。"说完,就往厨房走去。

这下,陈景润看清了:这是一位跟姐姐陈瑞珍年龄相仿的女子,丹凤眼,细眉毛,嘴巴微翘,刘海稀疏地散在额头,瘦瘦的脸颊细长细长,上身穿着左边开襟的褐色短衫,下身则穿着黑色的麻布长裤,笑起来非常和蔼可亲。

见林秀清走进了厨房,陈景桐和陈瑞珍便各忙各的去了,陈景润虽觉得这女子亲切,内心却甚是想念生母。他和弟弟陈景光并不觉得开心,只有妹妹陈景馨尚未懂事,一脸无所谓的样子。孩子们出于对生母深深的眷恋,心里自然多少有点抵触,感情上增添了难以言传的惆怅。

起初,没有人开口叫林秀清"阿妈"。陈景桐和陈瑞珍毕竟跟她年龄相仿,开不了口;陈景润和陈景光则是因为不喜欢有人占了生母的位置;陈景馨见大家不叫,她也不叫了。

接下来的日子里,林秀清每日忙里忙外、任劳任怨的,虽然每次吃饭时间,大家都觉得很尴尬,但林秀清似乎无暇顾及大家的感受，她只是不停地忙活着，而且，每次都是等待大家吃完，她才一个人坐下来用餐。

8月的福州已经进入了盛夏，天气开始炎热起来，每日里，树梢上的蝉拼命地喊着夏天。当时，孩童中流行玩弹弓，大家都喜欢用弹弓打麻雀，打树梢上的蝉以及其他的标志物。那时，学校尚未开课，又值暑假时期，陈景润闲暇时，也会带着弟弟陈景光，和一群小同学玩耍。不料，某日，一个调皮鬼失了手，从弹弓中飞出的小石块，如子弹般击中了陈景光的嘴唇，顿时，血肉模糊，惨不忍睹。陈景润陪着弟弟大哭起来。

小伙伴们全慌了，大家手忙脚乱地把陈景光送到医院。医生缝了好几针后，陈景光的情绪才稳定下来。

林秀清闻讯赶到了医院，见到病床上的陈景光，眼泪一下子簌簌流淌。这位曾在幼儿园工作的年轻后妈，自然而然地担当起护理孩子的职责。当时，陈景光嘴唇浮肿，不能吃饭，每日里，林秀清都是一边噙着泪，一边用小汤匙一口一口地给孩子喂牛奶，直到陈景光伤口愈合，她才带着他回了家。

这一切，陈景润和兄弟姐妹们都看在眼里。他们虽然言辞不多，却用温和的目光表达着自己心中深深的感激。

此后，他们终于把林秀清当成了真正的"母亲"。

从踏入陈家的大门，到50多岁不幸患病离去，二十多年的时间里，林秀清勤劳、真诚、宽容、善良的品格，感染和温暖着这群孩子。她为陈家操持了一生，不仅抚养照顾陈景润、陈景光、陈景馨成长，还从乡下找回了陈景星并予以关爱。她苦心操持家务，尽心尽职，为了照顾孩子，她终生未育，而是把这些孩子都当成了自己的亲生骨肉。

在林秀清病重期间，远在北京的陈景润常常将省下来的钱寄到医院；后来，林秀清去世，陈景润因工作原因抽不开身，未能回家吊丧；直到有一次回到福州，陈景润为了表示愧疚，特地去林秀清的墓前悼念了她。

"继母也是慈祥母！"在陈景润的心里，他始终感激这位继母，毕竟，在他的一生中，也受到这位继母的诸多爱的影响。

第二十六章

失学复学又失学

1949年8月底,英华中学传来一个好消息:虽然学校还没正式复课,但考虑到上学期期末因战事而提前停课,在解放军入城之后,社会已趋稳定,学校为了让学生抓紧时间学习,安排学生提前入学补习。

陈景润很高兴地把这个消息告诉了父亲陈元俊,没想到,父亲一反常态,坚决不让陈景润继续上学。

对数学情有独钟的陈景润,对继续上学表现出极大的执拗,甚至为此激烈地顶撞和反抗陈元俊。"我决不辍学,一定要继续读书;我要报考大学,这一辈子我就要研究数学。"他态度坚决地说。

陈元俊有些惊呆了，想不到平时胆小怕事、话语不多的陈景润，会说出如此让人震惊的话。"现在大学都不招生了，你去哪里读大学？去哪里研究数学？"陈元俊继续固执地吼道。

陈元俊明白自己说的是假话，其实，他内心多希望孩子们能上学啊，只是，巧妇难为无米之炊，家里经济状况已经很差了，除了能勉强维持人口众多的一家人一日三餐以外，他已经挤不出更多的钱来支付几个孩子昂贵的学费了。他也期待，新成立的政府能带来更多的希望。他心里乱得很，让陈景润辍学，不过是拖延一下时间而已，等一切安排妥当，他会再考虑让陈景润复学的。

陈元俊不想和陈景润继续僵持下去，就独自一个人走了，只留下满眼泪花的陈景润，呆若木鸡地在家里伤心。

接下来的日子里，看着同学们都陆续去学校上课了，陈景润内心又是羡慕，又是嫉妒，只好无奈地躲在自己家中，郁郁寡欢。尽管如此，陈景润还是没有放弃做自己热爱的数学演算。他想，只要努力，在家里也可以学到课堂上的知识，也可以演算数学习题，也可以阅读自己喜爱的书籍。想着这些，他越发努力，每次发现一个新的知识点，或是解出一道难题，他都会陶醉其中，甚至会情不自禁地呼喊起来。

只是，闲暇的时间里，陈景润一想到上学的事，便偷偷抹泪。

都说，长姐如母。陈瑞珍知道弟弟陈景润很想上学，也非常理解他的感受。自从生母去世后，陈瑞珍作为家中长女，承担起了照顾兄弟姐妹的重任，而且她生性好强、有主见，许多事情就连陈元俊都会征求她的意见，因此，她的话，在陈元俊那里是很有分量的。

为了弟弟陈景润能继续上学，陈瑞珍第一个站在父亲陈元俊面前："阿爹，你还是让弟弟上学吧！"陈瑞珍向父亲哀求道。

陈元俊用沉默回答。

陈瑞珍继续说道："阿爹还记得吗？我阿妈临终时交代过，弟弟体弱多病，承受不了重活，又不善交际，只有上学读书才是最好的出路，你就让弟弟上学吧。"

陈元俊还是一脸沉默。

继母林秀清也来了，她怯怯地对陈元俊说："如果担心孩子学费问题，我以后就出去工作，赚点钱贴补家用，还有，我也只要吃一顿就够了……"从那之后，林秀清果真找了一个在百货公司上班的工作，而且一直工作至退休。

陈元俊的嘴角微微抽动。

英华中学教陈景润数学的陈金华老师也来了，他对陈元俊娓娓而谈："陈局长啊，现在解放了，家里的生活很快就能好转。你不该让孩子辍学啊。以往，国家落后就要挨打，我们经历了多少年流离失所的生活，如今，新中国成立了，多需要人才啊！陈景润可是读书的料，你应该让他尽早回到学校，继续学习，考出好成绩，以后考大学成人才，才能为新中国贡献力量啊！"

听了陈金华老师的一番肺腑之言，陈元俊忍不住泪珠滚了下来。

就这样，1949年9月初，在家自学了近一个月的陈景润，重新回到英华中学继续上学了。

然而，1950年春，当高三学年到来时，陈元俊还是筹不到陈景润上学的学费，仅仅复学了半年完成高二课程的陈景润，只好再次辍学了。

这一次，陈景润没有再跟父亲争论，而是无奈地主动回了家。他相信，没有课堂，只要努力，他一样可以学习，收获满满的知识。

第二十七章

高等院校首统招

失学在家的日子，陈景润依然安排好了时间。他把高三的课本都借回家，独自温习，有不懂的，就常常跑去问原来英华中学的老师。他频繁地跑学校，就如同没有失学似的。看到陈景润的这股求知劲，老师们都感到非常惋惜，他们不但不拒绝，而且都耐心地为陈景润讲解，直到他听懂为止。

时间很快到了 5 月，当陈景润还沉浸在独立学习的乐趣时，这一天，英华中学的数学老师陈金华又登门造访了。

"陈老师，你……你怎么来了？我刚好有问题要问你呢！"见到陈金华老师，陈景润先是一阵惊讶，继而就转

少年陈景润

陈金华老师（右）与陈景润合影（陈志慧提供）

为惊喜了。

"先不谈解题，我有一个好消息要告诉你！"陈金华话刚说完，就接着喘粗气。今早，他一看到全国高校统招的消息，就迫不及待地想把这个好消息告诉陈景润，一路几乎是小跑过来的，可是年纪大了体力不支，所以一停下来，就喘个不停。

"陈老师，你歇歇再说。"陈景润倒了杯水，让陈金华先坐下歇息。

"陈景润啊，你考大学有希望了！"稍停了一会儿，陈金华就兴奋地说道。

"真的？"陈景润也兴奋得喊了起来！

"消息是真的，早上我看报纸，中央人民政府教育部发布了新中国第一份高校招生考试文件。文件明确指出：凡有高级中学毕业的同等学力，而又持有必要的证明者，可报名投考。"

"可我高三没去读啊！"陈景润听完陈金华的话，却感到失落了。

"你没听懂，投考资格写明，是'同等学力'！你读完高二时，成绩相当优秀，各科目都已达标，就已经具备高中毕业的资格了。至于相关证明，我会协助你办理！"

听完陈金华老师的耐心解释，陈景润心头的石头终于落下了。他暗自庆幸，这一生，要不是得遇这么多恩师循循善诱，他何以能一步一步艰难求学，一步一步接近梦想。师恩如海啊！1989年，当得知陈金华老师逝世时，远在北京的陈景润特意发去了唁电，以谢师恩。

在当年，全国实行统一招考，实属新中国首次。从1931年开始，中国就因战争不断，致使大学教育大受影响。在动荡不安的环境下，大多数高等院校在招生考试制度上，大致沿袭了各高校单独自主招生的传统。1949年新中国成立之初，除北大、清华等少数几所高校实行非实质性的联合招生外，全国绝大多数高等院校仍沿旧制，实行单独招生考试，招生的计划、条件和办法都由各校自行决定。然而，单独招考使得一些高等院校人员爆满，一些高等院校则无人问津，造成部分高等院校招生名额不足和新生报到率低等问题，给国家选拔和培养人才带来不良影响。百废待兴的新中国，是多么需要人才啊！为了改变这种现象，1950年5月26日，中央人民政府教育部发布了新中国第一份高校招生考试文件《关于高等学校一九五〇年度暑期招考新生的规定》，"投考资格"是这么写的："凡有高级中学毕业的同等学力，而又持有必要的证明者，可报名投考。"

于是，陈景润就这样踏上了新中国成立后第一批报考大学的快车。

当晚，当陈景润把这个令人喜悦的消息分享给家人时，继母林秀清还带着大姐陈瑞珍去买了肉。晚饭时，大家都喜气洋洋的，就连每日奔波劳碌、愁容满面的父亲陈元俊，这一刻也笑了。他还给陈景润夹了一大块肉，说："九哥，恭喜你，你一定能考上理想的大学的。"

陈景润心里喜滋滋的，这一晚他辗转反侧，一直未能入眠，每次好不容易闭眼，他总是被近似乎真实的梦境惊醒。梦境中，他总是在攀登高山，只是他每次抓住的石头，都忽然裂开了，然后他就从半山腰一直摔了下去，摔了下去！

几次满头大汗后，陈景润发现天已经亮了，于是，他迫不及待地起床，准备了相关的证件，吃了早点，就往英华中学走去——是跑去……

当走进学校，见到了数学老师陈金华时，陈景润急匆匆地拉住老师的手，急切地说道："陈老师，我现在就报名……"

陈金华笑了："你急什么啊，看看，现在才早上几点，学校还没开始上课呢！"

陈景润一问时间，是啊，才早上七点钟，可是，他怎么感觉天已经亮了很久呢？于是，陈景润也不好意思地笑了。

"没事，你先到我的办公室坐一下，等一下负责报名

少年陈景润

的老师一到，我马上帮你处理！"陈金华领着陈景润往学校的办公室走去，路上闲聊了一些家常。快到办公室的时候，陈金华忽然严肃起来，问道："你想好要报哪所学校，要学什么专业了吗？"

"嗯！"陈景润轻声地回应道。

"对理想要坚定，要执着，要不懈努力地拼搏……"

"陈老师，我早就想好了，我要报厦门大学数理系！"陈景润坚定不移地喊了起来，语气铿锵有力，字字千钧。

陈金华满意地笑了。

高等院校首统招／林宇辰（三明市陈景润实验小学六年级学生）

第二十八章

苦心备考天不负

从1950年5月底报名,再到8月份进行首次统考,留给陈景润的复习时间只有两个多月。

在所剩不多的时间里,陈景润比以往更紧张。少了学校的专业学习,陈景润只能用最土的办法,以最生硬的方式去理解、悟透书里的知识。他如同一头不知劳累的牛,开垦着一块又一块荒地。每日里,他要么专心致志地在看书,要么在纸上奋笔疾书,要么握着笔一动不动地沉思。家人都担心陈景润会过度劳累,把身体拖垮,可他每次都是笑笑,回一句"我没事",又继续埋头复习功课。

他始终显得精神亢奋,精力充沛,不知疲倦。

少年陈景润

夜深了,他还在煤油灯下。夏天的夜,总有一些细小的虫子在欢快地歌唱,也有几声蛙鸣划破静夜,还有一些不明的声响时不时在回荡,然而,这些声响,都不如笔尖划过纸张所发出的"沙沙"声美妙。在陈景润的眼里,这些美丽的乐谱,就是他用生命为自己的人生弹奏的乐章。

"九哥,该睡觉了。身体要是累坏了,还怎么继续学习?"

"九哥,该睡觉了。明天不是还可以复习吗?"

每天晚上,陈元俊总是催促着陈景润赶紧休息,可是陈景润如同上了发条的时钟,就是停不下来。"就睡了,就睡了!"陈景润都是如此回应,直到后来,他忽然不熬夜了。一旦夜深,他的煤油灯就熄灭了。

"这是怎么回事?"陈元俊和一家人都诧异了,以前可是喊都喊不去休息,这段时间发生什么了?

直到一天夜里,淘气的妹妹陈景馨揭开了秘密。她带着父亲陈元俊来到陈景润的床前,用手指了指陈景润盖着的被子:"阿爹,你有没有发现有什么异样?"

"嗯?好像被子拱得高了些。"

陈景馨一把将被子揭开,天哪,原来,陈景润就弓着身子,一手拿着自制的手电筒,一手拿着书,正在全神贯注地看书呢！因为是夏季，覆盖的被子如同蒸笼一样不透气，陈景润的身上闷出了汗水。

被妹妹这一揭被，陈景润尴尬极了，连忙跟父亲笑笑："这样就不影响大家了，这样就不影响大家了。"

看到这一幕，陈元俊只能无奈地摇着头走了。

统考的时间很快就到了，陈景润和其他考生一样走进考场。每一场考试，他都从容应对，不慌不忙。考试完毕，他归了家，就如往常一样。

8月底，大学录取名单在报纸上公布了。陈景润发现，在厦门大学录取的名单中，分明印着"陈景润"三个字，录取名额二十名，他名列第十。由于成绩优秀，陈景润居然还被私立福建学院录取。

私立福建学院前身为创建于1911年的私立福建法政学堂，校址位于福建省福州市乌石山麓的道山路白水井，是一所文科类院校，当年只有政法、工商、经济和企业管理等几个专业。1951年9月，私立福建学院撤销，法科并入厦门大学，商科归并当时由私立福建协和大学与私立华南女子文理学院合并组建的福州大学财经学院，1952年9再归并厦门大学。

获知自己被两所学校录取，陈景润显得很平静。他并

少年陳景潤

厦门大学旧照

没有痛痛快快地去玩一场，而是一如既往地继续学习，如痴如醉。他盼望着开学的日子赶紧到来，他就可以去梦寐以求的厦门大学数理系读书。父亲陈元俊却希望陈景润能留在福州，留在私立福建学院读书，一来考虑学校离家近，家人可以相互照顾，二来也考虑到厦门大学较远，去上学得添置衣服、铺盖等，路费也是不小的开支，在私立福建学院读书可以节省更多开支。

"九哥，从6月起，朝鲜战争就爆发了，为了备战需要，厦门大学可能要迁到龙岩白土乡，那里地处偏僻，极不好走，你看……要不就留在福建学院？"

"可……福建学院没有数理系！"陈景润低头答道，他心里非常清楚，如果答应了父亲，他就不可能再享受学习数学的欢乐，他也将看不到数学皇冠上那颗闪闪发光的"明珠"了。虽然他也体谅父亲的难处，但他必须坚持自

第二十八章 苦心备考天不负

己的信念，坚持自己的梦想，于是，他大胆地对父亲说："阿爹，我一定要去厦大读书。如果没钱坐车，我可以走路过去；到了学校，我会省吃俭用的，绝不浪费。"陈景润话一说完，眼泪就掉了下来。

见陈景润落了泪，陈元俊也不落忍，他知道拗不过陈景润，只好默许了陈景润的选择。

眼看离家的日子近了，陈景润一下子流露出对家的留恋。长这么大，这是他第一次要离开家人的身边。他每天都依依不舍地摸摸这个，看看那个，就如同这一别，就再也回不来了。

1950年9月，在厦门大学开学之际，陈景润提前很多天就准备出发，因为当时厦门还属于战争的前沿，他无法判断汽车要行驶多少天才能抵达。这一日清早，太阳早早就升上树梢，继母林秀清已经做好了丰盛的早饭。一家人吃完饭，弟弟妹妹围在陈景润的身边，姐姐陈瑞珍准备好了铺盖，尚在私立福建学院上大学的哥哥陈景桐，把自己入冬时穿的薄呢大衣送给了弟弟。当陈景润背起简单的行囊即将作别时，父亲陈元俊开始不停地叮嘱："自己一个人在外，要常给家里写信；尊师是古训，任何时候都不能忘记师恩；同学相处要懂得谦让，宁可自己吃亏，也不能

苦心备考天不负／张伊琪（三明市陈景润实验小学六年级学生）

第二十八章 苦心备考天不负

占别人的便宜……"

陈景润从没见过父亲陈元俊如此"唠叨",可现在这些"唠叨",他一字一字听到了心里。他不停地回答父亲:"是,是!"尔后,他转过身去,一边擦拭眼泪,一边头也不回地往车站走去。

路上,陈景润舍不得挥手,就随着颠簸的汽车向南驶去。汽车走走停停,白天用树枝隐蔽,夜晚还须关掉车灯。一个星期后,陈景润才抵达厦门。当他来到竖立着"厦门大学"四个字的厦门大学校门口时,眼泪再也止不住了。

人生的路,往往充满坎坷,只要坚持不懈,就一定能抵达成功的彼岸。陈景润踏进了厦门大学的校门,从此,他走上了向往已久的大学求学之路,也是从这里,他在终生为之奋斗的目标上,在攀登数学高峰的路途上,迈出了人生重要的一步。

后 记

  2018年12月18日上午,"庆祝改革开放40周年"大会在人民大会堂举行。100名"改革先锋"称号获得者在大会上受到表彰,其中,著名的数学家陈景润先生获得了"激励青年勇攀科学高峰的典范"的称号。这对于正在策划创作《少年陈景润》的我们来说,是个极大的鼓舞。
  陈景润是我国著名的数学家。1978年1月,徐迟的报告文学《哥德巴赫猜想》在《人民文学》发表,2月17日《人民日报》和《光明日报》同时转载,随后《工人日报》《中国青年报》《文汇报》以及各省市报纸、电台争相转载转播,陈景润的事迹一时传遍天下、家喻户晓。陈景润这个名字一时成了科学的代名词,并影响了新中国整整一代人。如今,时过境迁,陈景润的先进事迹依然深入人心,

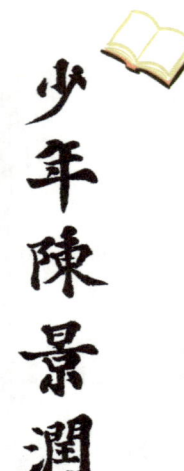

其胸怀理想、勇于追梦、不畏艰难、刻苦钻研的精神，依然激励着一代又一代青年奋发图强、刻苦攻坚。

为了能够更深入地挖掘陈景润的精神内涵，我们特别期待策划一本既能真实反映少年陈景润成长的故事，又能聚焦少年陈景润人生轨迹的书，帮助青少年在阅读的过程中树立远大志向，激励青少年崇尚科学、追逐梦想、脚踏实地、发愤努力，有朝一日报效祖国、为国争光，这才是"百年树人"的初衷与使命。

然而，陈景润成名于中年以后，其少年时代的经历鲜有文字记录，这给我们的编写工作带来重重困难。自2018年5月伊始，我们辗转三明、福州、厦门等地，走访了陈景润的亲人、朋友、同学，才得以将少年陈景润的成长片段有序地串联起来。

人们总以为天才的少年，其成长故事一定充满传奇色彩，但我们发现，陈景润的少年时代既不特别，也不出众，他和所有喝着闽江水长大的福州人没有任何区别。在那个战乱的时代，他出生于一个极其普通的家庭，凭借良好的家教、恩师的提点、自身的好学，一步一步成长为世界顶尖的数学家。正是这段平凡无奇的经历，正是这段厚重而沉闷的经历，真实地告诉我们：成功的路上没有捷径，只有经过时间、生活和灾难的磨炼，只有通过汗水与血泪的洗礼，才能获得通往成功的通行证。这才是青少年需要从少年陈景润身上获得的。

文稿资料整理虽然烦琐复杂，但我们乐在其中。当然，书稿能最终完成，离不开所有人的帮助与支持。在书稿即将付梓的此刻，我们内心充满感激，并借此对所有帮助与支持我们的人，致以崇高的敬意。

感谢福建省人大常委会原主任袁启彤先生、著名文艺评论家曾镇南、陈景润夫人由昆女士倾情为本书作序推荐。

感谢陈景润的妹妹陈景馨女士、陈景润幼时的伙伴姚逸仙女士、陈景润初中同班同学罗焕民先生[1]为我们回忆了一段又一段令人感动又有趣的少年陈景润的故事。

感谢邓友华先生，这位曾经以陈景润为精神偶像，如今致力于整理与弘扬陈景润精神的文化人士，是他任劳任怨、字斟句酌，为本书书稿做了大量的补充，使得本书的描述更符合历史事实。

感谢宋力先生、庄永庆先生、程润江先生、李春萌先生、邓衍淼先生、池启长先生，他们不辞劳苦，为本书前

---

[1] 在作者采访的半年后，即2019年3月9日上午，罗焕民先生逝世。

期书稿整理做了大量工作，并对本书提出了大量有意义的建议。

感谢三元区教育局、三元区文体广电出版局、三明市档案局、三明市第一中学、福建师范大学附属中学等单位的大力支持。感谢三明市陈景润实验小学的老校长吕玉秀女士、新校长潘玲女士，以及全校师生，为本书的插画积极开展征集活动。这些出自小学生之手的插画，充满童真，为本书的版面设计增添了亲和力。

感谢所有支持本书策划与出版、热心弘扬陈景润精神的各界人士！

我们特别期待，通过阅读少年陈景润的这段成长历程，青少年们能够找到前进的动力和方向，在新中国良好的教育环境中，茁壮成长！

2019 年 5 月

附录一

回忆我的中学时代

陈景润

我在中小学读书阶段，从成绩上看，并不显得特别好，但我总是踏踏实实地学好基础知识，从不计较分数。有一次考数学，我只把考题的答案写在考卷上，没有将演算过程列进去，按此卷应算不及格，但当时教我的数学老师心想，陈景润这个学生不会弄虚作假，还是当面问个明白再说。于是数学老师就找我谈，查问结果，果然我运用了好几种方法来演算这几道题目，只因草稿纸算得太多了，所以没有交上去。当时我的数学老师十分欣慰，高兴地对我说："以后请你算题目时，一定要交上演算稿，懂吗？今天不给你 100 分，只给你 95 分！"这时我点点头，微笑着向老师道了谢才走。

我在中小学时是我们班上有名的"Booker"（福州学生称"书呆子"或"读书迷"）。同学们倒也十分佩服我这

个"读书迷"背诵书的本领。我读书不只满足于读懂，而是要把读懂的东西背得滚瓜烂熟，熟能生巧嘛！我国著名的文学家鲁迅先生把他搞文学创作的经验总结成一句话："静默观察，烂熟于心，凝思结想，然后一挥而就。"当时我走的就是这样一条路子，真是所见略同！当时我能把数、理、化学科的许多概念、公式、定理、定律一一装在自己的脑海里，随时拈来应用。有一次化学老师要同学们把一本书背起来，同学们都感到很困难，但我却觉得："这一点点很容易，多花点功夫就可以记下来，怕什么？"果然没几天，我就把全书背诵记牢了。当时我认为，我们年轻人，知识面有限，理解力较差，但记忆力特别强，必须背诵多多的知识，将来使用时方能左右逢源，一呼百应，十分得心应手了。

我在中小学读书时娴静少言，不善于交往，但这不妨碍我的勤学好问。为了深入探求知识，我常常主动接近老师，请教问题或借阅参考书。我知道时间是最宝贵的，不愿意浪费老师的时间，常常趁下课后老师散步或者放学回家的路上，跟随老师一起走，边走边请教老师数学问题，只要是谈论数学，我就滔滔不绝，不再沉默寡言。

我在福州英华中学读书时，那时学校分文、理两科，理科班侧重数、理、化，文科班侧重文、史、地。我很喜欢数学，可是当时我偏偏选读文科班，因为文科班数、理、化都比理科班浅，这样我就可以在不留级的前提下，集中最大精力去攻读高深的数学方面的书籍。我并不单纯地跟在数学老师后面跑，而擅长奇取。当时我经常到英华中学图书馆借书，其中有大学丛书《微积分学》、哈佛大学讲义《高等代数引论》，以及《赫克士大代数学》等。

我在厦门大学读书时，大学的书本是又大又厚，携带阅读十分不方便，我便把我国最著名的数学家华罗庚教授的《堆垒素数论》和《数论导引》拆成一页一页的，随身带，随时阅读。我坐着读，站着读，躺着读，蹲着也读，一直读到书本跟我走、书尸烂床边的程度。

1946年春天，我在福建省三明市第一中学读初二时的考试成绩是：

代数 99 分　　国文 92 分　　英文 89 分

几何 83 分　　化学 88 分　　历史 83 分

地理 85 分　　国画 85 分　　音乐 85 分

体育 80 分　　生理卫生 82 分　　劳作 75 分

成绩是画笔，勾画出我当时是一个活生生的孩子来。

少年陈景润

我能唱能跳，天真活泼，瞧，音乐85，体育80！当时我衣衫素净惹人爱，生理卫生82嘛！我几十年死死抱住的"金娃娃"——数学，确是夙有姻缘，代数99呀！分数最低的是劳作，我那时一双小手可不巧。

我念中学的时候是在抗日战争和解放战争时期，我们班上许多同学为了抗日救国和解放全中国，推翻压在中国人民头上的三座大山，参加了中国人民解放军。他们为全国劳动人民建立了不可磨灭的功勋。当时我们班上有不少同学参加了地下党组织的活动，被国民党反动派残酷迫害，没有他们的奋斗，就不会有我们今天的幸福生活。回想起我念中学时的情况，我觉得现在我们伟大祖国的中学的情况，和我当时在中学时的情况完全不一样了。现在中学教师的经济情况比我当时在中学读书时的老师们的经济情况不知改善了多少倍，现在同学们的经济情况也比我们当时的情况好得多。现在我们中学的图书设置、房屋等都比我在中学时好了不知多少倍，所以我认为现在的同学们是很幸福的。我希望同学们一定要爱惜宝贵的时间，在老师的指导帮助下，努力学好政治和数、理、化，以及其他各科知识，锻炼好身体，为我们伟大祖国的现代化建议做出自己的贡献！

附录二

我的心里话（节选）

陈景润

许多人都知道我在攻克哥德巴赫猜想这一数学堡垒中取得一点成绩，却很少有人知道我这个对生活一窍不通的人，心里想的是什么。这次借《工人日报》一角，向全国关心我的同胞们说几句话。

在家里，我排行老三。母亲生了十二个孩子，只有六个存活下来。解放前，父母终日为生活奔波。我从生下来那天起，似乎已经被宣布为不受欢迎的人，一个多余的孩子。在学校，我觉得自己像只丑小鸭。有些学生见我瘦小，经常欺负我。可我心里明白，个人真正的强壮与弱小不在于体格，而在于志气的高下。记得读高中时，我的数学教师讲了一件事：我国古籍《孙子算经》中一条余数定理是中国首创，后来传到西方，欧美人士对之非常尊崇，称誉为孙子定理。我萌发了一个念头，我将来能不能像前人孙子那样，在数学上搞出点名堂来，为祖国争点光呢？后来，老师又讲了哥德巴赫的故事。老师说，数学的皇冠是数论，哥德巴赫猜想，则是这顶皇冠上的璀璨的明珠。老师当时还笑着说：我有一天夜里，梦见我的一个学生，证明了哥德巴赫猜想。同学们听罢都笑了。然而，我没有笑，也不敢笑，怕同学们猜破我心里的憧憬。但我永远记着这件事，记着那皇冠上的明珠和我的抱负与理想。

转眼20年过去了，英国和德国两位数学家合作的数学专著《筛法》正在编校。他们见到我研究的关于哥德巴赫猜想的（1+2）成果论文，十分惊诧，立即要求他们这部专著暂不付印，在书中加添了一章：陈氏定理。他们称这是"筛法的光辉顶点"。我的研究成果为祖国争了光，心中当然高兴万分。但我更不能忘记，在我遭到磨难的关键时刻，是党组织和同志们帮我改善了环境，驱走了病魔，在我的生命中注入了研究的活力、追求的活力，这才有（1+2）的面世呵！

（节选自陈景润《我的心里话》，原载于《工人日报》1989年12月18日）